U0852669

阅

阅读成就思想……

Read to Achieve

心理咨询与治疗经典译丛

卡尔夫
沙盘游戏治疗

（第6版）

[瑞士]朵拉 · M. 卡尔夫 著
(DORA M.KALFF)
赵莹莹 张申威 译

Sandspiel

Seine therapeutische Wirkung auf die Psyche, 6. Auflage

中国人民大学出版社
· 北京 ·

图书在版编目（CIP）数据

卡尔夫沙盘游戏治疗 : 第 6 版 / （瑞士）朵拉·M. 卡尔夫（Dora M. Kalff）著 ; 赵莹莹，张申威译 . 北京 : 中国人民大学出版社，2025. 9. -- ISBN 978-7-300-34336-5

Ⅰ. R749.055

中国国家版本馆 CIP 数据核字第 202574P14L 号

卡尔夫沙盘游戏治疗（第6版）

[瑞士]朵拉·M. 卡尔夫（Dora M. Kalff） 著

赵莹莹 张申威 译

KAERFU SHAPAN YOUXI ZHILIAO（DI 6 BAN）

出版发行	中国人民大学出版社		
社　　址	北京中关村大街 31 号	**邮政编码**	100080
电　　话	010-62511242（总编室）		010-62511770（质管部）
	010-82501766（邮购部）		010-62514148（门市部）
	010-62511173（发行公司）		010-62515275（盗版举报）
网　　址	http://www.crup.com.cn		
经　　销	新华书店		
印　　刷	北京联兴盛业印刷股份有限公司		
开　　本	890 mm×1240 mm 1/32	**版　次**	2025 年 9 月第 1 版
印　　张	6.125 插页 2	**印　次**	2025 年 9 月第 1 次印刷
字　　数	120 000	**定　价**	65.90 元

版权所有　　侵权必究　　印装差错　　负责调换

推荐序

我非常高兴，我的母亲朵拉·M. 卡尔夫（1904—1990）所著的《沙盘游戏治疗》能够再版发行。借此机会，出版社邀请我为本书写点什么，我十分乐意接受这个邀请，因为我本人也运用沙盘游戏进行治疗工作，对母亲传授给我的一切始终心怀感激。

沙盘游戏是一种心理治疗和自我体验的方法，它源自三个不同的理论，分别是荣格的分析心理学、玛格丽特·洛温菲尔德（Margaret Lowenfeld）的"世界技法"以及东方传统冥想，最终由我的母亲将其整合成一套统一的理论体系。

我的母亲在人生的较晚阶段才投身于心理学这一职业。1949年，她已经45岁了，那一年她开始在1948年新成立的荣格学院（当时位于苏黎世）进行为期六年的学习。

1949年离婚后，她独自肩负起抚养两个儿子（一个10岁、一个3岁）的重任，这标志着她人生的新起点。自第二次世界大战爆发以来，她一直居住在瑞士格劳宾登州帕尔彭山村的一间小木屋里，那里也是荣格一家常去度假的地方。机缘巧合之下，我的哥哥彼得与荣格的孙子、孙女成了朋友，最终促成了我母亲生命中一次极为重要的相遇，让她结识了荣格及其夫人艾玛。她深受他们的启发与鼓励，开始深入研究荣格的心理学理论，并开启了分析和学习之路。她与艾玛一同进行分析工作，但同时也和荣格一起探讨一些特别的个人议题。

我的母亲出生于一个居住在苏黎世湖畔里希特斯维尔的中产阶级家庭。作为家中第二小的孩子，她与两个姐姐和一个弟弟共同长大。她从小受到了精心的照顾和良好的教育。我的姥爷是一位在当地颇有影响力的人物，既是纺织厂的厂主，也是议会成员和军队的上校，他对宗教有着浓厚的兴趣，甚至曾想成为一名宗教学家。我的姥姥是一位热心肠、富有社会责任感的女性，她细心周到地管理着全家的生活。

从少女时代开始，我的母亲就读于恩加丁的一所女子寄宿学校。她的希腊语老师激发了她学习梵文的兴趣，后来她又学习了一些基础的中文。因此，她开始对东方哲学思想产生兴趣，尤其是道家文化。她在年轻时学习过音乐会钢琴演奏，并成为当时巴黎著名钢琴家罗伯特·卡萨德修（Robert Casadesus）的学生。此外，她还前往意大利，学习了一种当时已经十分少见的书籍装订工艺。

29 岁时，她与一名荷兰银行家结婚并移居荷兰。夫妻二人都对亚洲艺术有着浓厚的兴趣。她在荷兰的生活非常优渥，承担了许多社交职务，甚至与皇室也有来往。1939 年，我的哥哥彼得出生了，但这个年轻家庭的好运并没有维持太久。随着第二次世界大战的爆发以及德国的入侵，他们迎来了非常艰难的时期。他们的房子被德国军官占领。我母亲独自带着孩子搭上了最后一班返回瑞士的火车。夫妻二人因长期分居，最终导致了离婚。

因此，当我的母亲开始在荣格学院学习时，她已经经历过生活的种种艰辛。回顾这些经历时，她会说，自己所经历和学习的一切对她的治疗工作都至关重要且颇有帮助。例如，她学习过钢琴演奏，并会在针对孩子的治疗工作中不断运用这种方法。

我的母亲极其擅长理解孩子，这一点也得到了艾玛和荣格的注意。他们鼓励她将治疗工作的重点放在孩子身上。但在那个时期，人们几乎从未想过要对儿童开展精神分析工作。荣格把自己的工作重心也放在了所谓的人生后半段以及梦的分析上。这种类型的分析工作需要具备突出的语言沟通能力，而儿童在这方面往往难以达到要求。正因如此，我的母亲开始寻找一种适合儿童的治疗方法。

1954 年，她在苏黎世的一次会议上听到了玛格丽特·洛温菲尔德关于“世界技法”的演讲。这种治疗方式的特别之处在于，它使孩子们有可能在迷你游戏物件和特制沙箱的帮助下，将那些无法用言语描述的内容表达出来。玛格丽特·洛温菲尔德是最早有意识地使用游戏疗法的治疗师之一，她借助游戏的疗愈作用来消除儿童的心理障碍。在当时，游戏在治愈心理问题中的重要作用一直被许多治疗师低估。

我的母亲敏锐地察觉到了这种方法所蕴含的巨大价值，并毅然决定前往伦敦，并在玛格丽特·洛温菲尔德于 1928 年创立的儿童心理研究所深造。1956 年，她的这一计划终于得以实现。在伦敦为期一年的学习期间，她与荣格学派的儿童分析师迈克尔·福德汉姆（Michael Fordham）进行了深入交流，同时还与唐纳德·温尼科特（Donald Winnicott）并肩学习。无论是在英国学习“世界技法”期间，还是后来在瑞士（苏黎世州的佐利孔）开展私人诊所工作期间，她都发现儿童在沙盘造型中所表现出的内在心理过程与荣格所描述的个体化过程高度契合。她以荣格的心理学理论为基础，在实践中逐渐融入了自己的独特风格，并在玛格丽特·洛温菲尔德的建议下，将这一技术正式命名为“沙盘游戏”。

我的母亲最初成功地将沙盘游戏应用于儿童治疗领域，随后又将其拓展到成人治疗中。在成人领域的应用起初纯属偶然。那些目睹自己孩子发生转变而深感惊讶的父母，以及对此方法颇感兴趣的同行们，纷纷建议她亲自尝试一下这种方法。她自己创作的沙盘作品对情感层面和生活态度产生的影响同样令人惊叹。很快，人们便发现，成年人通过这种非言语的表达方式同样能够直接通往无意识，并在面临急性问题时带来显著的积极改变。许多曾经接受过我母亲治疗的来访者不断向我表达他们的感激之情，告诉我沙盘游戏如何为他们的生活带来了持续的积极改变，甚至拯救了他们。

在我母亲的工作不断发展的过程中，与东方精神导师们的相遇具有极其重要的意义。这些导师为她带来了全新的灵感，并让她认识到，沙盘游戏能够跨越不同文化的界限，触及人类经验共同的原型基础。在一次埃拉诺斯会议（1953/1954）上，她结识了日本禅师铃木大拙。铃木大拙通过他的著作，极大地推动了禅宗在西方世界的传播。我的母亲曾专程前往日本拜访他，并荣幸地成为第一位在禅寺中居住的女性。铃木大拙给我母亲留下最深刻的印象是：他能够通过简单的手势指出那些日常生活中往往蕴含着最为深刻的真理。

尽管她十分遗憾自己无法正式学习禅宗冥想，但在与禅师们的交流中，她发现沙盘游戏所使用的方法与禅宗的智慧十分相似，这让她感到极大的满足。这种相似性并非体现在治疗技术的外在形式上，而是更多地体现在治疗的目的上，即在治疗过程中为来访者创造一个空间，用来唤醒和支持来访者自身的疗愈力量。这其中蕴含着一种将来访者“抛回”他们自己的做法，而这在禅宗修行中扮演着重要的角色。禅宗强调，真正的认知并非源自老师或著作等外在权威，而只能通过个人的体验从自身中获得。

沙盘游戏不久便在国际上获得了知名度。我的母亲拥有卓越的沟通能力，这无疑使她能够轻松地与各国的同行建立联系。在那段时期，她频繁收到来自意大利、德国、美国和日本对沙盘游戏感兴趣的研究者、研究所、荣格学院、诊所以及大学的邀请。因此，一个以荣格学派分析师和心理学家为主的圈子逐渐形成，他们积极地学习沙盘游戏的方法并开始将其应用到工作中。沙盘游戏在美国和日本引发了极为强烈的反响。如今，日本沙盘游戏学会已有超过 1000 名成员，他们都是在工作中应用这种方法的治疗师。沙盘游戏所强调的非言语沟通似乎特别符合日本人的特点。沙盘游戏在日本被称为“箱庭疗法”，因为日语“小花园”一词与日本传统中在箱庭中创造小型花园的艺术密切相关。

在沙盘游戏逐渐在各国扎根之后，我的母亲开始每年邀请各国的沙盘游戏治疗师代表前往瑞士苏黎世州的佐利孔进行交流与讨论。1985 年，国际沙盘游戏治疗学会（ISST）由此诞生，其创始成员包括：来自美国的凯·布拉德韦（Kay Bradway）、塞西尔·伯尼（Cecil Burney）、孔恰·拉森（Chonchita Larsen）和埃斯特尔·温里布（Estelle Weinrib）；来自意大利的保拉·卡杜奇（Paula Carducci）和安德里娜·纳沃内（Andreina Navone）；来自英国的乔尔·赖斯·梅努宾（Joel Ryce Menuhin）；来自日本的日野和子（Kazumiko Higuchi）、河合俊雄（Hayao Kawai）和田中申弥（Yashuhiro Yamanaka）教授；以及来自瑞士的医学博士卡斯帕·基彭豪尔（Kaspar Kiepenheuer）和我自己。1986 年，来自德国的分析性儿童治疗师西格丽德·劳恩·塞弗特（Sigrid Löwen

Seifert）也加入了创始团队。

1985 年在苏黎世州的佐利孔举行的国际沙盘游戏治疗学会成立会议。

前排从左到右：田中申弥教授、安德里娜·纳沃内博士、多拉·M. 卡尔夫、塞西尔·伯尼博士（已故）、保拉·卡杜奇博士。

后排从左到右：日野和子博士、卡斯帕·基彭豪尔博士、马丁·卡尔夫（Martin Kalff）博士、孔恰·拉森博士、埃斯特尔·温里布、凯·布拉德韦博士、乔尔·赖斯·梅努宾、河合俊雄教授。

在国际沙盘游戏治疗学会成立之时，协会的章程和培训指导方针也得以制定。协会的主要任务是促进沙盘游戏治疗理论与实践的国内与国际交流，并提供相关培训课程。协会还设有一个档案室，用于保存沙盘游戏治疗过程的记录。自成立以来，协会定期举办国内和国际沙盘游戏治疗会议。目前，已有三种学术期刊：发行于日本的《沙盘游戏治疗档案》（*Archives of Sandplay Therapy*）、发行于美国的《沙盘游戏治疗杂志》（*Journal of Sandplay Therapy*），以及发行于德国的《沙盘游戏治疗杂志》（*Zeitschrift für Sandspieltherapie*）。此外还有不断丰富的文献著作，例如由米切尔（Mitchell/Friedman）和弗里德曼（Friedman）于 1994 年所著的《沙盘游戏疗法》（*Sandplay Wisdom*）一书中，就包含了一份关于沙盘游戏及相关主题的详细文献目录。

"沙盘游戏"这一概念中蕴含着"沙"与"游戏"这两个关键元素，我想就此分享一些见解。我们能够将双手伸入沙中，去搅动、抚平、压实沙子，塑造出各种形状，或者让它保持原貌。我们可以选择干沙或湿沙。干沙可以握在手中，然后让它从指间缓缓滑落，这种动作能够安抚多动症患者，使其逐渐平静；湿沙则可以加入适量的水，塑造成可以来回移动的团块，这是孩子们特别喜爱的玩法。人们还可以将湿沙握在手中，让湿润的沙子像水滴一样从指间滴落。当然，也有人完全不想触碰沙子，或者只是用指尖轻轻触碰，甚至需要戴上手套才敢接触。这些与沙子互动的多种方式，使我们能够体验到自己的身体以及与之相关联的感受和情绪。有时，沙子仿佛变成了一个身体，当人们细腻地抚摸它时，会唤起温柔的情感，这种情感可能是人们期望从他人那里得到却未曾得到的。沙子还可以成为拳击或打斗的对象，这或许能帮助人们与自身的力量建立联系，从而克服曾经经历过的无力感。

可以说，在沙盘游戏中，沙这一元素为荣格的心理学理论开辟了一种具体而迷人的与身体接触的方式。有时，我会直截了当地说："正是沙盘游戏将身体带入了分析心理学。"此外，沙盘游戏还为促进"神经元整合"提供了重要的可能性，并将触觉纳入其中。许多科学家和心理治疗师，如路易斯·科佐利诺（Louis Cozolino）、丹尼尔·J. 西格尔（Daniel J. Siegel）、邦妮·巴登诺克（Bonnie Badenoch）等，都使用这个概念来强调身体、边缘系统以及新皮质相融合的重要性，并将其视为心理治疗的核心任务。彼得·莱文（Peter Levine）在他的著作中特别指出，创伤的治愈只有通过身体才能实现，他还强调了单纯进行言语治疗的局限性，因为创伤是基于身体的生物学层面的。

在这一情境下，对于与沙子有接触的人来说，通过细致地询问他们在玩沙过程中产生的感觉，并帮助他们有意识地去感受触摸以及触摸所引发的感觉，是非常必要的。在此基础上，如果主治医生觉得有必要，还可以通过冥想练习将注意力聚焦到身体或呼吸上，以此进一步促进个人的感知能力。通过这样的游戏，可以使来访者的呼吸变得更加自然。但也有可能会出现相反的效果，例如心跳加速、感受到身体的某个部位有阻碍，或者浮现出一些强烈的感受。在这种情况下，如果能激活一个内在观察者，可以觉察到这些感受但不对其进行认同，那么情况也可能得到缓解或改变。丹尼尔·J. 西格尔将这种能力称为"意识整合"。这种能力可以通过正念冥想（也称为“内观”冥想）得到促进。在内观导师、受过良好训练的临床心理学家杰克·康菲尔德（Jack Kornfield）的著作中，我们也可以看到使用这种方法来治疗心身障碍的精彩案例。

支持这些过程的完成需要相应的经验和训练。在督导和案例展示方面，我还相应地提出了“经验相关案例研究”（experience related case study, ERCS）的方法，其中也包括使用正念的方法（Kalff, 2018, 2022）。我也能想象到，以身体为导向的创伤治疗方法的训练，如身体体验疗法，可以很好地与沙盘游戏治疗方法结合起来。我认识的一些沙盘游戏治疗师已经从中受益，他们要么已经完成了这个训练，要么正在受训之中。有些同事还将眼动脱敏再处理疗法（eye movement desensitization and reprocessing, EMDR）与沙盘游戏疗法相结合。我认为，我们应该怀抱开放的态度去试验，如何能将分析心理学和沙盘游戏治疗方法之外的其他方法融入其中。

“游戏”是“沙盘游戏”这个概念中的另一个重要元素。但遗憾的是，“游戏”一词常常被误解——沙盘游戏被认为“仅仅只是一种游戏”，因此并不需要认真对待，也不必去专门学习。事实并非如此。能够在正确意义上进行游戏，并为来访者 / 患者提供学习游戏的空间是一门极高的艺术。出于这个原因，我们在国际沙盘游戏治疗学会中强调，要针对沙盘游戏治疗方法进行认真的培训。

我们不希望看到，治疗师仅仅只是买了一个沙盘以及一些沙具，并在没有经过专门训练的情况下提供沙盘游戏治疗。

我们可以说，当来访者能够全情投入到游戏之中时，治愈的过程也开始了。无目的性是游戏本质的一部分。在这种无目的性中，人们的紧张感会自我消解。只不过，紧张感的消解最初可能会引发焦虑和抵触，因为紧张的背后往往隐藏着无意识的内容，它们一旦被触及，可能会变得十分可怕。

正因如此，首先在沙盘游戏治疗师的帮助下建立起一个充满信任且相对安全的关系是至关重要的。这也是我们面对内心世界内容的勇气来源。然后，在这个过程中，我们会与这些内容相遇，并为它们的转化创造空间。无法进行游戏的情况是对这些内容的一种防御，是一种通常在紧急情况下学会的自我保护和存活技能。

已经形成的信任感首先会自发地呈现在表达出内在保护或积极氛围的场景中。有了这种保护，我们就可以逐步转向更加困难的内容，或荣格心理学理论中所说的“阴影主题”。如果在游戏的过程中，能在困难的内容和轻松的游戏之间自发地来回穿行，会对个体十分有益。原则上来说，每一个心理进程在沙盘中都能呈现自己的动力，也会不断重新带来新的转变。

从本质上讲，游戏通过放松意识的态度及其控制，在意识和无意识之间架起了一座桥梁。在游戏中，外在生活中看似稳固和沉重的东西重新开始运转，从而能呈现出新的视野与希望。

在这一过程中，人们不仅会与无意识相遇，在给沙子塑形、选择沙具以及构建场景时，也会运用到有意识的意愿和目标导向。因此，游戏促进了所谓的“超越功能”。在荣格看来，这种功能的有效性在于，它在与无意识的相遇中搭建起一座通往意识新态度的桥梁，同时也会改变无意识的动态。

沙盘游戏能够帮助阴影面发出它们的声音，例如无法控制的攻击性、抑郁、无力感和恐惧等。通过让这些干扰性的、不被接受的方面得以表达，并被感知和体验，它们才有可能发生改变。

浮现的无意识内容还包括自信、安全感、爱、自我接纳、同理心等积极的品质，而这些品质此前往往没有表达的空间。

沙盘作品中出现的许多内容都远离日常语言和“正常”意识，甚至无法直接用语言表达。某些经历可能过于混乱，或者过于新颖，以至于无法立即转化为清晰的话语。

互相交战的军队、攻击船只的鲨鱼、布满钻石的奇幻风景、一对相拥的情侣等画面精准地表达出来访者的内心情绪，治疗师往往能比通过许多话语更直接地理解它们传递的信息。除了沙盘本身，来访者的身体姿态（无论是背离、面向、僵硬、弯曲还是放松）以及他们的呼吸、脸色苍白等，都能表达出他们正在经历的事情。

沙盘游戏治疗方法重视语言的局限性，并提供了一种不同的表达层面。玛格丽特·洛温菲尔德的贡献不可忽视，她让我们注意到治疗过程中语言的局限性。这种局限性在儿童治疗中尤为明显，但它同样适用于成人，只是重点不同。尤其是那些善于言辞的成人，可能会用话语来抵御真实的情感。在强烈的情感情境中，语言的局限性显而易见。有时候，沉默、一个拥抱或其他非言语的表达方式往往比话语更有意义。此外，创伤性经历，例如因恐惧而僵硬，是无言的，并且被存储在隐性记忆和身体记忆中。

玛格丽特·洛温菲尔德在其理论构建中，精准地指出了心灵中那些无法用言语表达的重要部分。她将这些部分命名为“原生系统”，因为它们从儿童生命之初就已然存在。她明确区分了原生系统与次级系统，后者是在婴儿 12 至 18 个月大时，随着婴儿语言能力的发展而逐渐形成的。洛温菲尔德将原生系统理解为一种先于语言形成的、饱含情感的思维形式，其特性被描述为“非理性的、依据自身规律排列的、极端个人化的、特异性的，天然无法用语言进行表达的”。这种系统中蕴含的能量可以在儿童的游戏中得以表达。通过这种划分，洛温菲尔德以她独特的方式预示了现代心理学中“内隐记忆”与“外显记忆”的区分。内隐记忆编码了感知、情感、身体感受和行为模式，可追溯至婴幼儿时期，也可能在稍晚的生长阶段形成，它深刻影响着我们对世界的感知和情感反应模式。而外显记忆本质上属于语言记忆，包含对事实和生平的记忆。

据此，可以说沙盘游戏的一个重要方面在于，它有助于表达内隐记忆的世界。它帮助来访者将与之相关的身体感受和情感提升至意识层面。如果来访者能在沙盘游戏治疗师的帮助下，逐步将这些感受和情感用语言表达出来，那么神经元的水平整合能力，即用语言表达情感的能力，也可以被激活。这些感受包括流动感、温暖、颤抖、接地感或紧张感，以及相关的愉悦、幸福、劳累、焦虑等情感。

沙盘游戏治疗师在专注感受自身感觉与情绪方面也颇有经验。这种反移情的能力，被凯·布拉德韦称为沙盘游戏治疗中的“共移情”（co-transference），它有助于治疗师在自己身体上感知对来访者所创作沙盘作品的共鸣。通过这种方式，双方能够基于彼此的体验建立起更深层次的联系。这种内感受性与大脑岛叶相关，通过正念冥想的练习可以得到增强。早期研究表明，正念冥想会使大脑右半球的前岛叶和中部前额叶皮质增厚。

朵拉·卡尔夫也是这方面的先驱。她对东方冥想有着浓厚的兴趣，并定期进行冥想练习，这使她在与来访者的治疗过程中表现出强烈的“在场感”。在她去世后，我多次从她以前的来访者那里听到类似的反馈。如今，许多心理治疗方法明确地融入了正念冥想的元素。其中的一个重要起点是乔恩·卡巴金（Jon Kabat-Zinn）的“正念减压”（mindfulness-based stress reduction, MBSR）

方法，卡巴金受到了内观导师杰克·康菲尔德的启发，而康菲尔德此前也曾与朵拉·卡尔夫探讨过冥想和沙盘游戏相关的问题。

凭借通过正念冥想培养的能力，朵拉·卡尔夫能够创造出一个“自由与受保护的空间”，让来访者感受到被接纳。她认为，治疗师“创造自由与受保护的空间”的能力是沙盘游戏治疗的核心。在这种关系中，来访者应该能够感受到自己当下的状态被接纳与理解。与此同时，他也应该可以感受到自由，敢于在游戏中和不带偏见的接触中尝试新的事物。自由与受保护的空间可以被理解为一种积极的移情情境的描述。在朵拉·卡尔夫看来，治疗关系的质量是来访者能够在治疗过程中接触到自身最深层部分（即荣格心理学理论中的原我）的重要条件。为了获得这样的体验，治疗师当然必须有能力通过持续的自我工作，与自己的整体性保持一种有生命力的关系。

马丁·卡尔夫博士

2022 年 6 月

译者序

朵拉·卡尔夫女士以荣格的分析心理学为理论基础，发展出了一套独特的沙盘游戏治疗方法。在治疗过程中，患者通过一方沙盘展现其心灵的真实状态，其中不仅包含了他们所面临的困境，也蕴含着摆脱困境的潜在方法。这些内容并非来自治疗师的引导，而是源自患者自身的无意识。

这一理念触及荣格分析心理学的核心：心灵是一个整体，既包含意识，也包含无意识。当意识与无意识的发展出现偏离时，无意识会通过症状的形式发出提醒。这种偏离可能源于多种原因，包括生命中的创伤性事件（如本书中吉姆母亲去世的案例），以及父母的无意识投射与期待（书中的许多案例均有体现）。这些经历限制了患者的自我发展，使他们被迫适应外部环境的要求，而忽视了自身无意识的声音。

在朵拉·卡尔夫女士的沙盘游戏室中，未成年患者带着各自的困扰前来。他们并未直接讨论学习困难、尿床问题或言语障碍，而是全身心投入到沙盘游戏中。在这个安全的空间里，患者的无意识得以展示并被珍视。沙盘游戏是一种身体性的工作，因为身体的参与是必不可少的，而身体与无意识之间存在着密切联系。无意识通过身体在沙盘中创作出一幅幅画面，这些画面既是无意识的表达，也是其疗愈的过程。例如，书中孩子通过沙盘以象征性方式释放攻击性，沙盘游戏为患者的无意识提供了一个安放的媒介。

本书开篇，朵拉·卡尔夫女士探讨了象征的概念。德语中的“象征”（symbol）源自希腊语的“sýmbolon”，意为某种特征或标志。在结构主义语言学奠基人索绪尔看来，象征是一种广义的符号，与所指代对象之间存在相似性与关联性。在古希腊，“sýmbolon”由不同碎片组成，连接后形成一个整体，这与沙盘游戏的理念不谋而合。沙盘游戏的内容本质上是象征性的，与无意识之间存在紧密关联。沙盘中的动物、人物、山川、道路等简单意象背后，蕴含着丰富的象征意义。理解这些意象，将其碎片拼接成整体，是沙盘游戏治疗师训练中至关重要的一环。书中对意象的丰富解读，帮助我们理解患者的无意识话语。朵拉·卡尔夫女士在书中展现了卓越的象征能力，并将其充分应用于与患者的每一次会面中，从而敏锐地捕捉患者的细微变化和内心状态，进而决定治疗方向。她的患者也因此逐渐发生了显著的变化。

在翻译本书的过程中，我们常常被治疗师与患者之间的言语与非言语互动所感动，尤其是看到患者原本具有破坏性的能量在治疗师帮助下转化为创造性能量的时刻。这一过程体现了荣格分析心理学的另一个重要观点：治疗并非要“消除”症状，而是转化驱动症状产生的能量，从而带动患者在生活中发生改变。我们不应将患者的症状视为敌人，而应探索其背后的意义，当这些意义被揭示时，转化才有可能发生。

作为以荣格派理论为基础的沙盘游戏治疗的奠基性作品，本书无疑将为临床工作中使用沙盘游戏的治疗师带来启发。在翻译过程中，我们也深刻领略到了沙盘游戏的独特魅力。

最后，衷心感谢中国人民大学出版社对我们的信任，让我们承担本书的翻译工作。感谢张亚捷老师在出版过程中给予的包容与支持。若书中翻译存在疏漏，恳请批评指正。

目录

01

导论

通过多年与儿童及青少年的工作实践，我逐渐认识到，童年时期的孩子会呈现出人格中心化发展动力的心理现象，这与卡尔·G. 荣格（Carl G. Jung）基于整体性原则所描述的现象高度一致。但在我借助一些成长案例呈现我的发现与理解之前，有必要先进行一些理论阐述。

我的观察结果与心理学的经验相契合：自出生起，原我便指引着人的心理发展的全过程。荣格将原我定义为“意识与无意识事实的总和”。埃里希·诺伊曼（Erich Neumann）认为，人在出生时便是一个整体，而这一整体最初保存在母亲的原我之中。新生儿的所有需求，如对抗饥饿、抵御寒冷等，都是对“母性”的呼唤，且完全依赖亲生母亲的照顾。我们将这一阶段称为“母婴单元阶段”，在这一阶段，婴儿在母爱中体验到天然的安全感与归属感。

一岁之后，孩子的原我（即整体的中心）开始从母亲那里脱离。此时，孩子会越来越多地从与母亲的关系以及母亲的爱抚中体验到安全感，并逐步发展出一种信任关系。

这种安全感构成了第三阶段的基础，该阶段始于孩子两岁末至三岁初。在此阶段，原我的中心在孩子的无意识中得到巩固，并开始以整体性的各种象征形式表现出来。

孩童通过一种已存在数千年的象征性符号语言进行玩耍、绘画或涂鸦，而成年人也在有意识或无意识地通过这种语言在任何时代或任何文化中表达他们的整体性。在这种象征语言中，圆形和方形扮演着特殊的角色。根据荣格的观点，圆形通常被理解为“完美及完美之物的象征，是一种广泛用于表达天、日、神以及人类及其灵魂的符号”（见图 1–1 至图 1–5）。

图 1–1　日本禅师仙崖义梵（Sengai Gibon）认为圆、三角形和正方形是宇宙的基本形式

图 1–2 某 11 岁男孩的沙盘作品《沙中圆》

图 1–3 在荣格所著《转化的象征》一书中太阳神的形象

图 1–4　某 15 岁男孩的沙盘作品《太阳》

图 1–5　中国周朝天（圆）地（方）的象征

依据我的经验，在整体性的形成过程中，四位一体的结构往往会率先显现。在心理发展的早期阶段，数字“4”这一象征性元素通常比圆形更早出现（见图 1–6 和图 1–7），或者与圆形存在显著的关联。

图 1–6 某 3 岁儿童的绘画作品

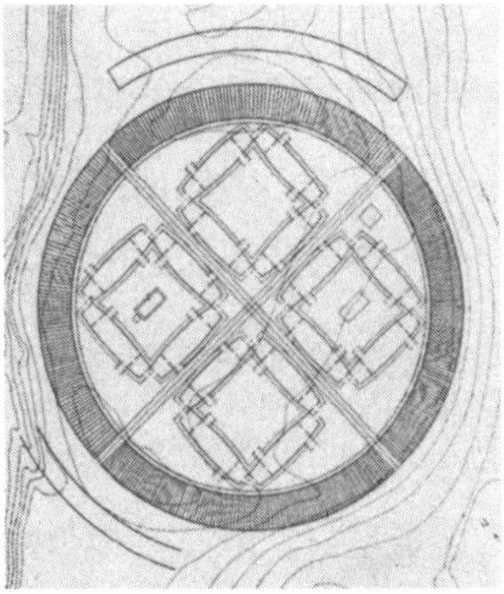

图 1–7 丹麦维京时代聚落遗址出土的文物

多年前，我在旧金山参观了罗达·凯洛格（Rhoda Kellogg）所收集的 2~4 岁儿童的绘画与手指画作品。作为一位幼儿园园长，凯洛格女士多年来积累了大量此类作品，这些作品以一种特殊的方式印证了我的观点：在儿童早期的心理发展中，整体性象征的出现具有重要意义。这些画作中，有相当一部分展现了我们所熟知的整体性象征。

这些象征不仅出现在绘画作品中，也体现在儿童的语言表达中。例如，一位三岁的男孩曾问我：“如果地球是圆的，而上帝能看到所有人，那么上帝是不是也是圆的呢？”在他的每一幅画中，他都会在顶端从左至右画一条蓝色的直线，并告诉我，这是亲爱的上帝。他画中的每一条线都像是一个巨大圆形的微小碎片，无声地展现了孩子独特的想象力。

另一位与他同龄的男孩在看到我的钢琴上散落的锡兵玩偶后，将它们排列成了一个完整的圆形，然后离开了房间。过了一会儿，他拿着一只小白瓷鸽回到房间，将其放在钢琴上一张照片的背后，照片正好遮住了小瓷鸽。当被问及为什么要把小鸽子藏在那里时，他回答说："我们不是也看不到亲爱的上帝吗？"从这些孩子的描述中，我们可以看到象征物的神圣性。圆形不仅仅是一个几何图形，它更是一个象征，能够将人们内心深处那些不可见的东西显现出来。象征是存在于人们内部世界的、充满能量的意象，代表着人类本体的某种倾向，当象征变得可见时，它会对人的发展产生持续的影响。因此，那些具有神圣性或宗教内容的象征物，实际上代表了一种内在的、与神性相关的精神秩序。这种秩序能够给人类带来安全感，同时也促进了人格的发展。

我认为，原我的显现是人格发展过程中最为关键的时刻。

心理治疗实践已经证实，自我只有在原我成功显现的基础上才能健康发展，无论是在梦中的象征，还是在沙盘游戏中的表达，都是如此。在我看来，原我的显现是人格得以发展和巩固的重要保障。

相反，如果原我因缺乏母亲的保护而无法在象征层面显现，或者在最早期最脆弱的发展阶段受到外部因素的致命干扰，例如战争、疾病或对环境的误解，那么自我的发展将变得薄弱且具有神经症性。因此，在治疗中，我为自己设定了一个任务，即在治疗关系中为儿童创造一个自由且受保护的空间。只有当治疗师能够完全接纳儿童，像孩子一样全身心投入到治疗过程中时，这种自由的空间才会出现。当儿童感受到在苦难中自己并不孤单，同样在幸福中也有陪伴时，他们才会在表达中感受到自由与保护。这种信任关系的重要性在于，它能够重现儿童在第一发展阶段（即母婴单元阶段）的情境。如此一来，儿童将拥有一个内在平静的心理状态，这种状态蕴含着人格发展所需的所有能量，无论是智力上的还是精神上的。

治疗师的任务在于发现并保护这些力量，如同守护贵重物品一般。对于儿童而言，治疗师作为守护者，不仅代表着安全的空间与自由，还意味着明确的边界。个体化的边界至关重要，因为能量的转化并非在无边界的环境中发生，而只能在个体边界内顺利实现。

17 世纪神秘主义牧师格哈德·特斯泰根（Gerhard Tersteegen）曾就其行事原则发表见解：“与灵魂打交道的人，须如孩子的保姆一般，既要紧紧守护，使其远离危险与伤害；又须适时放手，让其自由奔跑。”此言表明，牧师在引导他人时，无固定理论可依循，而需充分尊重个体的独特性。唯有如此，方能在智慧地引导个体独特性的基础上，促使其自由发展，进而实现其精神成长与自我完善。

在治疗师的保护之下，来访者所获得的发展与裴斯泰洛齐（Pestalozzi）在其著作《葛笃德如何教育她的子女》（*How Gertrude Teaches Her Children*）中所追求的目标具有相似性：通过母亲所赋予的真爱，人能够实现内在的统一，进而与神性建立联系。

根据我的经验，健康自我的形成依赖于童年时期所获得的充分安全感。由此推断，当自我处于薄弱状态时，通常在两三岁时即可以观察到的原我作为象征的显现并未发生。然而研究表明，在大多数情况下，童年时期受阻的象征性自我表现能够在随后的人生不同阶段得到弥补。

在《论东西方宗教心理学》（*Psychology of Religion: West and East*）的“关于象征的一般性论述”这一章［《荣格文集》（*The Collected Works of C. G. Jung*）第十一卷，第 208 页］中，荣格指出，医生正确理解指向整体性的象征具有至关重要的意义。这些象征是消除神经症性分裂的工具，能够将意识重新引向那种自古以来就被人类视为具有解脱和治愈作用的精神与态度。它们是一种“集体表征”，自远古时代起便为意识与无意识之间建立必要的联系成为可能。这一联系既无法通过理智实现，也无法通过实践达成：在前者中，本能领域会对其产生抵抗；在后者中，理智与道德则会加以反抗。在精神性神经症领域，每一次分裂都是基于这种对立，而这种对立唯有通过象征才能得以统一。

在巴霍芬（Bachofen）关于原始宗教的著作中，他指出："象征能够允许并激发不同阶段和层次的理解，将物质生活的真谛引向一种更高的精神秩序，这正是象征的可贵之处。"象征通过将意识中具有超验性的内容具象化，揭示了神赋予人类的、根植于天性之中的永恒根基。当人们真正认识到这一点并加以体验时，象征便能引导人们实现真正的人的尊严。

在沙盘游戏治疗中，象征具有重要的作用。该治疗方式是我在玛格丽特·洛温菲尔德的沙盘游戏理论基础上进一步发展而成的。我采用固定尺寸（57 厘米 ×72 厘米 ×7 厘米）的沙盘，这一奇特的边界能够对参与者的想象力进行适度约束，从而发挥秩序化和保护性的作用。

孩子们从众多沙具中挑选，并利用这些道具创造出一幅沙盘图画，这幅图画可以被视为其心理状态的一种三维呈现。沙盘中的无意识问题如同戏剧般被展现出来，冲突从内心世界被转移到外部世界，从而变得可视化。这种幻想游戏能够影响孩子无意识的动态，进而对其心理发展产生积极的作用。

分析师需对系列沙盘作品中出现的象征性符号进行解读。这种解读有助于分析师深入理解沙盘作品中呈现的问题，从而在分析师与孩子之间建立起一种信任的氛围，类似母婴单元中的紧密联结，进而发挥其治疗作用。在此过程中，治疗师无需将对问题的理解以语言的形式传递给孩子，关键在于孩子能够在安全的环境中体验象征性的意义。

然而，在某些情况下，治疗师需要结合孩子的外部生活环境，以通俗易懂的方式向他们解释这些图像。通过外部世界的图像呈现，内心世界的问题得以可视化，这有助于推动个体的进一步发展。

此外，图像中的细节和结构为治疗师提供了治疗的方向。通常，初始沙盘的画面能够揭示当下的心理状况——它以象征的形式隐含着实现原我的目标。随着这一目标的明确，新的能量得以释放，从而促进个体健康自我的发展。

一位八岁男孩在一幅沙盘作品中清晰地展现了这种能量的正常发展（见图 1–8）。画面的右上角是原我意象的象征，表现为一位牧羊人守护着几只小羊；而深色的外来势力（摩洛哥人）正以整齐的队列向一个封闭的区域进发，这一区域象征着男孩内心深处的平静。防御力量已全副武装，但男孩随后补充道："其实，他们并不需要武器。"他本能地感觉自己足以应对这些外来力量。

我的治疗经验与埃里希·诺伊曼的自我发展阶段理论不谋而合，可以概括为以下三个阶段：

1. 动物性和植物性阶段；
2. 战斗阶段；

3. 适应集体阶段。

图 1–8 某八岁男孩的沙盘作品

在初始阶段，自我通过动物与植物为主的沙盘作品呈现。随后，在战斗阶段，沙盘作品中会反复出现战斗行为，尤其在青春期表现得更为明显。此时，孩子已经具备足够力量，能够应对外部影响并与之抗争。最终，在适应集体阶段，孩子作为个体被纳入环境，并逐步融入其中。

在对中国思想的研究过程中，我发现了一幅与我们的观点高度契合的图示（见图 1–9）。这幅图出自宋代哲学家周敦颐之手，他生活在大约公元 1000 年左右。在这幅图中，世间万物的起源被描绘为一个圆形（第一个圆圈），这与出生时的“原我”意象极为相似；第二个圆圈则包含了阴阳，而正是从阴阳相互交融的运动中衍生出了五种元素（五行）。

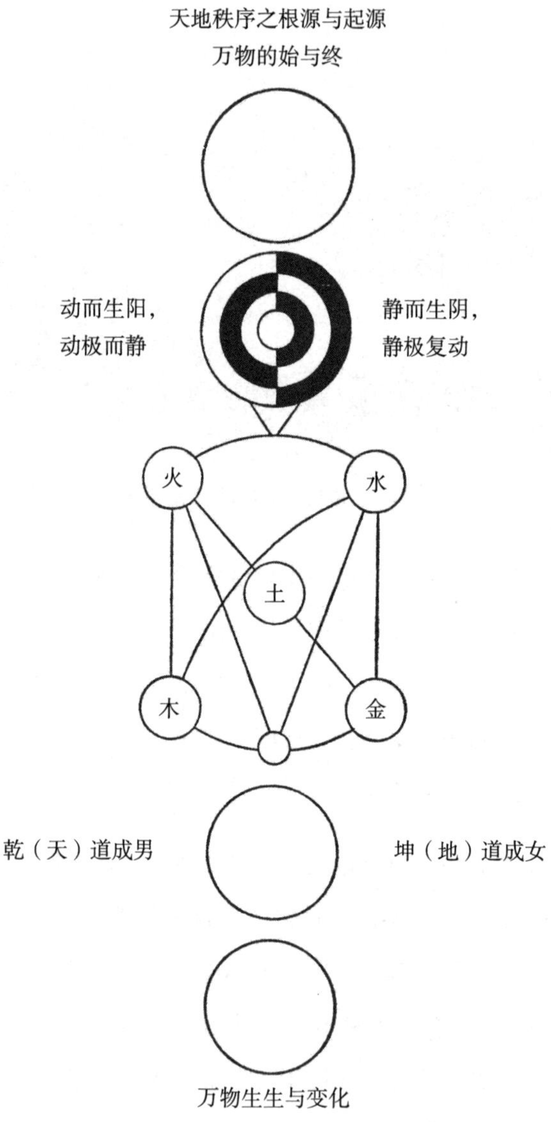

图 1–9　周敦颐的太极图说

我试图将这个圆圈与我们关于原我显现的论述相联系。该圆圈象征着形成自我与个性发展的潜在力量（见图 1–10 和图 1–11）。正如五行从这种结构中生发，人格的发展也围绕着自我的中心点展开。这一过程可以被视为人生前半段发展的象征。

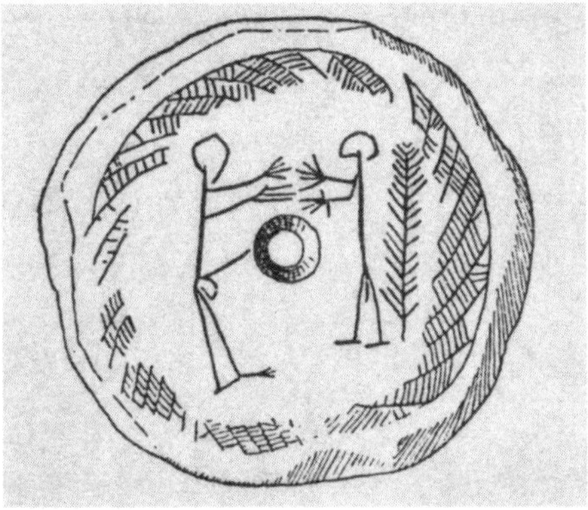

图 1–10　围栏中的男女（丹麦骨刻）

图 1–11　12 岁女孩的石膏雕塑作品《男女舞者》，位于五角星中

在我们的传统中，数字“5”常被用来代表自然人（见图 1–12 和图 1–13）。这是因为，当一个人伸展四肢并加上头部时，其身体轮廓可构成一个五角星的形状，这被视为宏观世界中的微观体现。

图 1–12　站在地球上的基督，周围环绕着四大元素
（摘自荣格所著《心理学与炼金术》）

与之相关，第三个圆圈可以与个体化过程中原我显现于人生后半段相类比；第四个圆圈在我看来则象征着与入口相对的出口，即从生到死的运动的终点。根据图 1–9 所揭示的转化规律，死亡——正如在那些经历心理困境的个体中所见——往往蕴含着新生命的萌芽。

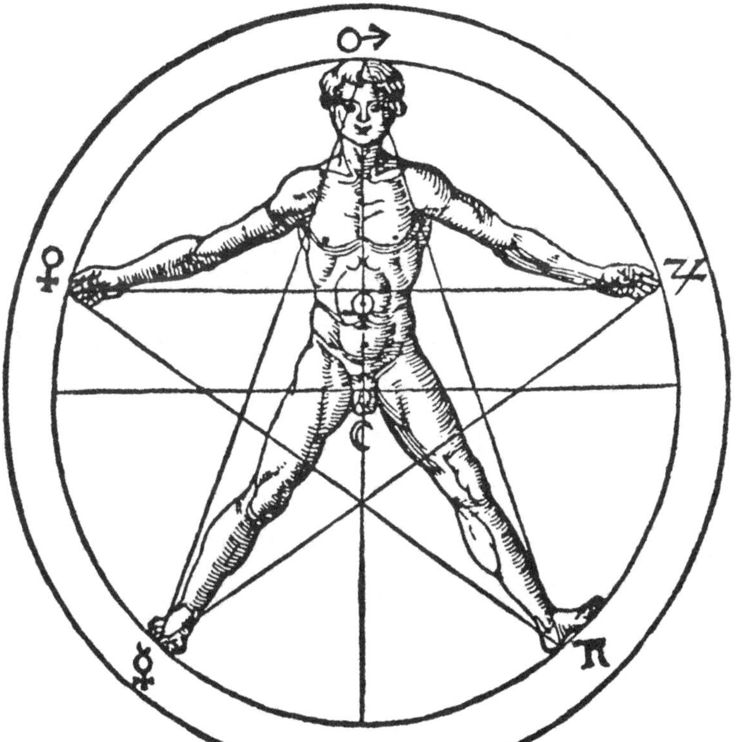

图 1–13 人作为微观世界（五角星形）的象征
（摘自内特斯海姆所著《象征辞典》）

这些表象表明，我们的生活超越了传统，符合一种生理和心理过程，这一过程可以被视为个体发展的基础。因此，我认为，只有从这个角度出发，我们的治疗工作才能真正适应儿童和青少年的需求。

前来接受治疗的孩子们，主要因为缺乏安全感和归属感而深受其苦。某些因素——无论是不利的家庭环境，还是家庭以外的原因——阻碍了他们正常的发展，而这种发展本身是实现内在平衡的关键。

因此，将实践与实践的环境和氛围相结合是至关重要的。当建于 1485 年的房子（我的家）的厚重大门（见图 1–14）在孩子身后关闭时，他们走进了一间古老的镶板房间，里面有一个占据很大空间的漂亮瓷砖炉子。借助几级内置的台阶，孩子们可以轻松地爬上炉子。此时，他们可以随心所欲：坐在或躺在炉子上，从高处俯瞰房间；透过窗户观察花园里正在小喷泉中沐浴的鸟儿；翻阅绘本和杂志；或者被鼓励去探索和仔细观察这所老房里许多看似奇怪的老物件和照片。房间和楼梯的不规则布局进一步激发孩子们的兴趣，有时甚至会吸引年龄较小的孩子与我一起玩捉迷藏。对于年龄大一点的孩子，他们的探险和寻宝欲望可能会被唤醒，我会尽可能满足他们的需求。我常常带孩子们去地下室，让他们检查那几米厚的墙壁，看看是否与地下通道相连；或者前往巨大的阁楼及其夹层，那里充满了等待被发现的秘密。从根本上说，孩子们试图寻找那些隐藏的东西，恰恰是他们渴望在内心深处发现但迄今未能找到的东西。

图 1–14　作者房屋的入口

这座几百年前建在山崖上的房子，其房间的形态并非借助米尺和圆规设计而成的，而是仿佛遵循自然法则般生长出来，这种独特的建筑风格为孩子们营造了一种契合其天性的氛围。不仅如此，孩子们在这里发现了一个完全向他们开放的、完全接纳他们的世界。当他们走进设有沙盘的游戏室时（见图 1–15），那种由“我会发现什么”“我将不得不做些什么”引发的不安便会悄然消散。

图 1–15　可俯瞰花园景观的游戏室

在游戏室里，孩子会发现许多可供使用的物品：不同颜色的颜料、黏土、马赛克石块、石膏等材料都整齐地摆放在一张大桌子上。桌子旁边是沙盘，而在旁边的架子上则陈列着数百个由铅或由其他材料制成的沙具。这些沙具分为几大类：一是人偶，不仅包括当今时代各种职业和类型的人物，还有来自过去几个世纪的人物形象、黑人、战斗中的印第安人等；二是野生动物和驯养动物；三是各种建筑风格的房屋、树木、灌木丛、花卉、篱笆；四是交通信号灯、汽车、火车、旧式马车、船只等。简言之，这些物品既存在于广阔的真实世界中，也活跃于孩子们的想象世界里（见图 1–16）。

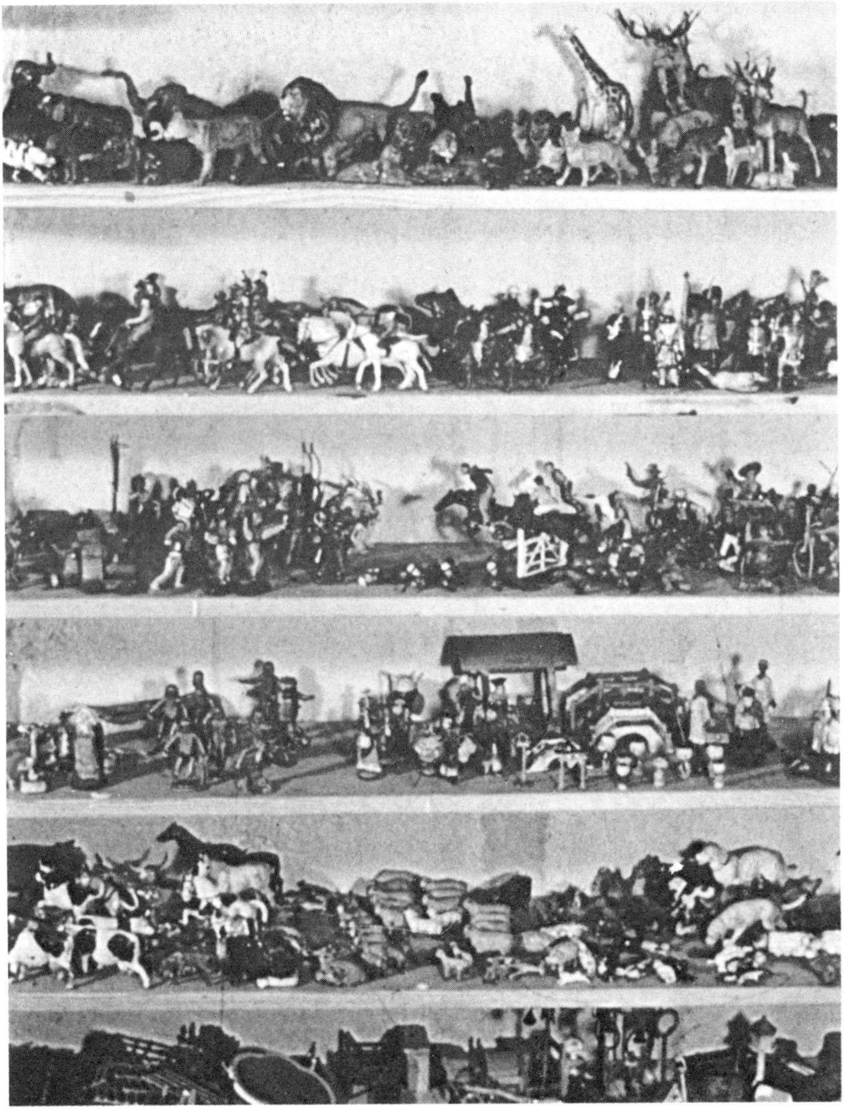

图 1–16 玛格丽特·洛温菲尔德沙盘游戏中的沙具

玛格丽特·洛温菲尔德夫人在伦敦为她的“世界游戏”所搜集的材料，为这一游戏提供了丰富的素材基础。她能够深刻地融入孩子的内心世界，并凭借其卓越的洞察力创造了一种独特的游戏形式。通过这种游戏，孩子们可以在一个沙盘中构建属于自己的世界。这个沙盘的尺寸经过精心设计，与人的视野范围相吻合，从而为孩子们提供了一个既真实又富有想象力的空间。

在众多的物品中，孩子会挑选那些特别吸引他们注意力的，或者对他们具有特殊意义的物品。他们可以用沙子在沙盘中塑造出山丘、隧道、平原、湖泊以及河流，这些元素反映了他们眼中的世界。同时，孩子们也会根据自己的想象，让这些沙具在场景中进行各种活动。

因此，孩子们在设计场景、选择和使用沙具方面享有充分的自由。然而，正如真正的自由总是以一定的限制为前提的，沙盘的固定尺寸为孩子们的创作设定了边界。这种边界并非束缚，而是为孩子们提供了一个安全且受保护的空间，使他们在自由创作的同时，能够感受到一种无形的保护。在这个空间中，孩子们可以自由地表达自己，而不用担心外界的干扰。

我将通过几个案例来描述这一过程。然而，我也清楚地认识到，出于对患者的尊重和隐私的保护，我在介绍中必须隐去一些细节。

Sandspiel
Seine therapeutische
Wirkung auf die Psyche

02

唤醒逃学男孩被封印的内在力量

九岁的克里斯托弗紧紧握着身材高大、一身农民装束的父亲的手，整个人显得格外瘦弱而怯懦。但当我向他示意随我前往游戏室时，他还是顺从地跟了过来。他有些犹豫却又充满好奇地打量着四周。他那高高的、苍白的额头上卷曲着几缕小卷发。这难道是一个乡村孩子吗？忽然，他的目光被远处的一把能发出声响的玩具小手枪所吸引。我轻声问道："你想玩吗？"他微微一怔，随即做出了一个短暂却极为明确的拒绝动作，他的这一反应告诉我"他害怕这把枪"。

我听他的父亲说，校方要求他带孩子去看心理医生，因为这个孩子总是偷偷逃课。克里斯托弗每天准时出门上学，放学后又准时回家。因此，他的母亲起初并没有怀疑他经常逃学。

克里斯托弗与父母以及小他两岁的弟弟一起住在偏远的乡下。

他上学的路要穿过种满苹果树的草场才能到达村校。当其他孩子都坐在教室里上课时，这段时间他究竟在做什么呢？无人知晓。

他的目光扫过沙盘。我问道："你玩过沙子吗？""以前玩过，但是它更适合我弟弟，我已经长大了。"他回答道。

"但是你可能从来没有试过拿这些沙具在沙子里玩。"我向他展示我的藏品。

他似乎被我说动了，于是麻利地开始了自己的创作。他先在沙盘中间堆起了一座高大的山丘，又小心翼翼地在中间挖了一条从这一端通到另一端的隧道，直到他能从隧道这头看到另一边才觉得满意。随后，他把目光转向了那些沙具，似乎很喜欢其中的一座小房子。他把它放在了沙盘的左下角，在旁边放了一个秋千。他用篱笆将所做的作品围了起来，没有留下任何方便的进出口。在山丘的最高处，他种下了一棵挺拔的白杨树，而在白杨树的树荫下，一个小男孩正坐在长凳上。一条狭窄的小径从山上向下延伸，通往平地。

此时，他突然变得充满活力，他挑出了重型坦克、士兵和武器，把它们摆放在山上及其周围。他宣布："战争爆发了。"士兵们包围了这座山，机枪手通过隧道扫射，坦克也做好了战斗准备。他甚至想把轰炸机挂在天花板上，因为小山也会遭到空袭。这个在一开始怯生生地东张西望的小男孩仿佛被某种狂热的情绪所支配，直到整个战场完全按照他的设想布置妥当！最后，他心满意足地审视着自己的作品，并确认轰炸机没有偏离进攻目标。在离开房间之前，他又迅速地在沙盘的左侧添加了一个加油站。出了房间后，他双颊泛着兴奋的红晕奔向父亲，央求他来看看自己的杰作。

沙盘中呈现出双重意境：一方面呈现的是一个安静祥和的场景，如同他家中的情景一般（一栋房子、一个小花园，以及一个正在荡秋千的小男孩），处处透着温馨安宁；另一方面，沙丘高处的白杨树旁还坐着另一个男孩，克里斯托弗很可能也将自我投射在了这个形象上（见图 2–1）。

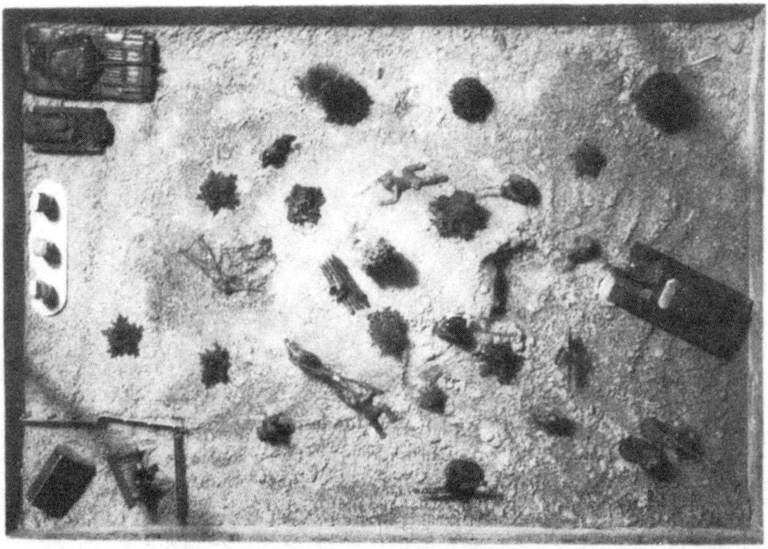

图 2–1 克里斯托弗呈现出双重意境的沙盘作品

这棵深植于大地滋养的树，其树干挺拔向上，枝繁叶茂，形成一片浓密的树冠。它在春天萌发新芽，绽放花朵，到了秋天，花儿便结出累累硕果，这一生长过程自古以来便引人深思。树木的生长常被比作人类的生命历程，而在许多文化中，它也被描绘成生命之树。人们在其树荫下寻求庇护，品尝它的果实以解饥渴。因此，树木也代表着提供保护与滋养。

在男孩的梦境里，他在山顶那棵大树的庇护下尽情施展自己的才华，正是这些才华让他得以在这个世界中找到一个合适的位置。但是，在山丘周围爆发的战争却威胁到了他的这一愿望。外部世界对他而言，就像一个无法战胜的强敌，于是他惊恐地退回到了自己的“神圣领地”，退回到了家中那个封闭的小天地里。

当我凝视他堆起的那座小山丘时，它的形状让我情不自禁地联想到孕妇隆起的腹部。我不禁陷入沉思：为什么他偏偏选择将这座小山丘作为攻击的目标呢？难道是因为他的母亲在怀孕期间经历了某些不愉快的事情吗？或许，这个小男孩正渴望获得除亲生母亲之外的另一种女性的庇护，因此才会选择坐在山顶的那棵树下。在我看来，与他的母亲进行一次深入的交谈，或许会为我带来一些新的启示。

克里斯托弗的母亲向我倾诉，身为农民的女儿，她的生活充满了艰辛。她常常感到身体不适，腹痛难忍，但这些症状并未得到应有的重视；相反，每当她因病痛而显得无精打采时，却被斥责为懒惰。然而，这些疼痛始终如影随形，即便在她步入婚姻之后也未曾离去。从那时起，她便对怀孕充满了恐惧。为了打消她的顾虑，多位医生不得不向她保证，她完全可以拥有自己的孩子。然而，当她得知自己怀孕的那一刻，巨大的恐惧瞬间将她笼罩，分娩的想法让她几乎难以承受。她再次需要医生的悉心照料，直至她能够鼓起勇气，坦然面对分娩。好在分娩过程一切顺利。但每当她感受到对自己的孩子所肩负的责任时，恐惧便会再次袭来。

因此可以推测，这个男孩可能从未在母亲那里找到过安全感。甚至有可能，母亲的恐惧已经传递给了孩子。

此外，小克里斯托弗在幼年也相当倒霉。在他不到两岁时，他把手指插进了电源插座导致触电；在他上学之前，他还不得不接受了一次疝气手术。这些经历似乎也让他变得非常胆怯。他的母亲告诉我，他非常害怕打针，也很害怕穿着白大褂的医生。他怕黑，晚上不敢一个人去楼上的卧室。

当他上二年级时遇到了一位对学生管教极为严厉的老师，克里斯托弗对老师的恐惧也就可想而知了。这可能是导致他时不时就逃学的原因。在那段时间，克里斯托弗开始从他母亲那里偷糖果一类的小东西。

眼下，当务之急是给予这个男孩足够的安全感，使他能够抵御生活中的种种磨难。

克里斯托弗在自己的沙盘中表现出了自己在家庭之外寻求庇护的愿望。他将自己置于山顶的树下，寻找一种象征性的母性保护。另一方面，这棵树也是原我的象征，它不仅体现了女性的母性特质，笔直的树干也具有男性生殖器的象征意义。如此一来，树就成了对立统一的载体。从预后的角度来看，我希望能够将该男孩天性当中所具有的力量集中起来。我还是很高兴地看到，克里斯托弗在最后时刻把加油站放到了沙盘的左边。这意味着新的能量在无意识中是可以被激发出来的！

很快，在第二次咨询结束后，他似乎就和我相处得很融洽了。于是，他开始决定要玩什么游戏。起初，一个小商店吸引了他的注意。克里斯托弗想来我这里“购物”。店里摆满了各种水果、美味佳肴以及糖果。他买了许多橘子。那些颜色鲜艳的小球，里面藏着甜美多汁的果实，象征着新的生命，这无疑正是男孩无意识中所追求的东西。

有一天，克里斯托弗突然策划了一场对商店的“袭击”，让原本宁静的游戏戛然而止。他自导自演，成了袭击者，而我则被安排成了警察，负责去寻找他。我们那座老房子有许多藏身之处，克里斯托弗在里面躲得严严实实，玩得不亦乐乎，这让我不得不花费大量时间去寻找他。而我常常会故意延长寻找的时间，让他知道自己藏得有多好。克里斯托弗通过这个游戏，难道不是想让我发现他的秘密吗？他渴望被重视，他希望被关注。

有一次，他告诉我，他和父亲一样喜欢画画。他想在一块大白板（2.5 米 ×1 米）上作画。然而，让我感到惊讶的是，尽管他渴望使用那块大空间，他却只在角落里画了一个很小的小人。是啊，他的自我意识依然如此微小！

一个月后，他完成了第二个沙盘作品。沙盘上，一个小男孩依旧坐在小山丘上，而山脚下是一个宁静的小村庄。鸡和鸭在村庄的广场上悠闲地踱步。然而，他突然将这份宁静打破，把村庄变成了战场。整个村庄被战斗中的士兵占据，原本的和平被彻底颠覆。几辆汽车和一列火车被困在山中，仿佛战争的爆发让一切陷入了混乱。

从这一沙盘作品中可以看出，在过去一个月里，他几乎没有取得什么进展。

尽管如此，克里斯托弗却变得越来越大胆。他甚至开始对胶囊手枪产生了兴趣，想知道能用它做什么。我先教他如何正确地握住手枪，以便能够扣动扳机。接着，他想听听射击的声音。于是，我来开枪，他则站在远处，用手捂住耳朵。重复了两三次后，他迫不及待地想要自己尝试，并且希望声音越大越好。最后，我们来到地下室，他在石板地板上打爆了无数的“胶囊弹”，发出“砰砰”的声响。声音越大，他越兴奋，这种反应是我之前没有预料到的。

四个月后，他又完成了一个沙盘作品。他用双手在沙子中勾勒出一条宽阔的马路，让车辆在其上自由行驶。与之前的沙盘作品相比，这个作品显得格外空旷，似乎没有什么特别的意义。然而，这也是第一次，道路上没有任何障碍物，车辆可以毫无阻碍地自由穿行。他那被压抑已久的心理能量似乎即将喷薄而出！我希望，用不了多久，他生活中就能出现明显的进步。

在接下来的一次治疗中，他再次在大黑板上作画。这一次，他几乎填满了整个可以使用的空间。他画的是一场滑雪比赛，许多观众围在雪道旁，看着滑雪者呼啸而下，滑向山谷。

这幅画让我印象深刻，它让我相信，克里斯托弗的无意识中所蕴藏的能量已经开始朝着某个目标流动。在他最初的认知中，外部世界是阻碍他发展的巨大障碍，并体现在那些战斗的士兵身上。而在这里，外部世界变成了观众，他们惊叹于滑雪者的高超技术。我十分清楚，这个长相清秀的男孩身上，隐藏着强烈的好胜心。

然而，我们还不能断言克里斯托弗在当时已然具备了掌控这些能量的能力。不过，令我欣慰的是，我察觉到那种对他心灵的疗愈性影响已经开始萌芽。画中那纤细的笔触向我暗示，虽然他已然描绘出了自己需要攀登的阶梯，但未来的路途仍然充满未知。我过往的观察经验表明，一种刚刚从无意识中浮现的情境，通常需要 6~8 周的时间，才能在现实生活中真正显现出来。起初，它就如同刚刚破土而出的嫩芽，娇嫩而脆弱，需要我们小心翼翼地呵护与照料。

这让我信心大增，我也期待着与克里斯托弗的下一次见面。

然而，一周后当他出现时，他脸上的神情却让我有些忧虑。他的面色比之前更加苍白，眼神中满是惊恐。难道是发生了什么事吗？我关切地问他："你还好吗？""不太好，"他回答说，"我刚刚目睹了一场事故。"

克里斯托弗每次前来找我，都需要乘坐一段火车。就在那天，他目睹了一名邮递员在将包裹搬上火车时，火车突然启动，邮递员从车上跌落下来。尽管最终邮递员毫发无损，但在那几秒钟的不确定期间，人们并不清楚邮递员的状况如何，而这短短几秒的惊慌，就足以摧毁男孩心中刚刚开始建立起来的安全感。

从他在那天受到惊吓后创作的沙盘作品中，我清晰地看到了这一点（见图 2–2）。

那些沙具被随意地摆放在沙子中。坦克、士兵、被驯养的动物以及来自草原与森林的野兽杂乱无章地挤满了整个沙盘，一列火车也陷进了沙子里。这整个画面让我想起了精神分裂症患者所创作的沙盘作品。在为男孩刚刚遭受的巨大挫折而忧心忡忡的同时，我也努力去寻找一些积极的元素。我注意到在沙盘的左下方有一个小池塘，在池塘前面远离混乱的地方，坐着一个小男孩和一个女人，他们身旁是一棵繁花似锦的大树。在众多动物中，只有大象朝向水边，正在池塘边饮水。

图 2–2　克里斯托弗受到惊吓后创作的沙盘作品

对此，克里斯托弗说道："我不想活在那样的世界里。"他试图在治疗的情境中寻找庇护，而他所摆放的孩子和女人的沙具正是这一愿望的体现。他已然明白，在这里能找到他渴望的安全感；同时，他也能从未知的源泉（即他自身的无意识，通过水来象征）中汲取新的力量。在这幅沙盘作品中，同样有一棵树，这次是一棵繁花盛开的树，它象征着他的原我正在引导成长的过程。而沙盘作品中的大象，作为群居动物的代表，或许象征着男孩内心对自己所怀有的高远期望。

动物们象征着人类本能的多样性和不同的感官体验。大象以其卓越的智慧著称，能够协助人们在原始森林中劳作。在印度，大象被视为神圣的生物，因为传说中它被认为是佛陀的生身父亲。因此，大象也象征着无意识中救世主的意象，是智慧与神圣的化身。

克里斯托弗此前表明不想生活在这样的世界里，这已然清晰地反映出他内心对解脱的渴望。在做沙盘游戏时，他无意识地借助池塘边的人物沙具，以象征性的方式呈现了这种渴望。然而，他所处的混乱状态似乎依然占据着主导地位，显得过于强大。

在那段时间里，克里斯托弗的老师与我取得了联系。从他那里，我得知了一个令人欣慰的消息：克里斯托弗不再逃学了。然而，在学习上，他仍然很难跟上班里同龄人的进度。因此，老师建议将克里斯托弗转到一个特殊班级。我担心，这一举措可能会给克里斯托弗带来新的冲击，他在沙盘作品中所表现出的强烈上进心至少会受到伤害。而且，这一措施可能会再次摧毁他刚刚获得的一点安全感。

我恳请老师再耐心等待一段时间，如果可能的话，尽量让克里斯托弗留在现在的班级里。在我看来，当务之急是给这个孩子一切机会，让他在心理上变得更强大。尤其在这个危急时刻，我特别希望能够挽救并进一步发展那些已经取得的、但却可能再次消失的成果。目前的关键是，找到方法来增强克里斯托弗那动摇的自信心。

当他来参加下一次治疗时，他发现了一台无法启动的电动火车头。他想要把它拆开，找出故障的原因并尝试修理它。此前，比他年长的男孩也曾尝试过这样做，但都未能成功。尽管如此，我还是很乐意让他去尝试。

他小心翼翼地卸下螺丝及各个部件，将它们有序地摆放在面前的桌子上。我惊叹于他手部动作的精细，因为他能够拿住那些非常细小的颗粒并把它们整齐地摆在一起。将近一个小时的时候，他把所有部件都放在桌上，整齐排列。但克里斯托弗能否按照正确的顺序把它们重新组合起来呢？他请求我把这些部件按照现在的样子放好，保持不变。

在接下来的两个小时里，克里斯托弗坐在桌前，专注地组装他的小火车头。他一次又一次地反复试验，每当它无法正常运行时，就会对其进行调整。突然，奇迹发生了，小火车头动起来了！这真是令人欣喜不已！紧接着，他就在地板上搭建起了一条轨道。

随后，我与这个男孩在地板上一起度过了好几个小时，他指导我如何切换轨道、如何让火车停下来，等等。由于我对这些并不熟悉，便完全听从他的指挥，这显然让他感到很愉快。而当我偶尔忘记一些事情，比如忘记切换轨道时，这就给了他纠正我的机会。在这个游戏中，他变成了我的老师，并且逐渐适应了这个新的角色。在这个场景中，我居然要去学习他早已熟悉的内容！

在连续玩了五个星期的火车游戏之后，我提议他制作一幅沙盘作品。克里斯托弗立刻积极响应。他搭建了一座宽阔的桥梁，横跨在一条穿行于树林中的河流之上，河面上有船只朝着两个方向航行。桥上的交通十分繁忙，有火车在桥上行驶，汽车也在桥上飞速地来回穿梭（见图 2–3）。

图 2–3　克里斯托弗创作的涌现出力量及新能量的沙盘作品

许多力量以及新的能量从他的无意识中（在图 2–3 中通过森林来表示）涌现出来，汇入了河流之中。仔细观察时，我们会发现有些车辆都具有维持秩序的功能，例如警车、用于灭火的消防车，还有清运垃圾的垃圾车。维持秩序的力量开始运转，消解掉了此前沙盘中呈现出来的混乱场景。水上和陆上的交通都是双向运行的，这一点显示了一种完全自由但十分有序的状态，它将无意识与意识彼此联结了起来。在这一刻，我可以这样认为，一个健康的心理发展的过程正在进行中。

除此之外，这个小男孩在我看来是个天生的小电工。他熟练地修好了铁路轨道，让游戏得以顺利进行，并且通过各种电子元件使游戏变得更加丰富有趣。为了让他和他弟弟在家里能够独自待在二楼的房间里，我指导他建立了一个连通两层楼的摩斯密码系统。这个做法让父母和孩子们都很高兴——他们现在可以互相发送信号了。

在我的诊所里，我让他为我的三层洋娃娃房安装电灯。由于房子象征着人类的内心世界，我打算通过这种方式，象征性地照亮这个男孩的内心空间。

克里斯托弗同样对这项工作充满热情。经过一番深思熟虑后，他开始在房子中布线、安装小灯具和开关。经过数小时的努力，六个房间的灯终于可以自由开关了。

爱迪生在 20 世纪发明了电灯泡，震惊了全世界。而当洋娃娃房的所有房间都亮起灯光时，它给小克里斯托弗带来的震撼丝毫不亚于爱迪生的发明。因为这是他自己的杰作！

这激发了我让他再创作一幅沙盘作品的冲动（见图 2–4）。

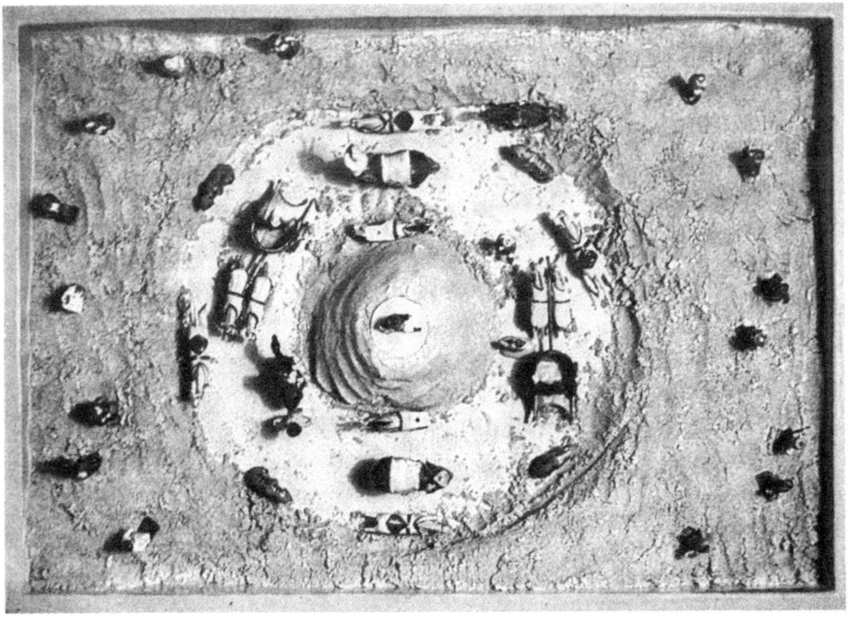

图 2–4　我让克里斯托弗创作的一幅沙盘作品

在沙盘的中央有一个小土丘，上面坐着一位正在拉手风琴的乐师，马戏团的角色们排成一个完整的圆圈，朝两个方向绕着土丘行走，其中一些从右边绕到左边，另一些则从左边绕到右边。沙盘上有罗马战车、大象、老虎和马，还有小丑和杂技演员。观众被安排在左右两边的外侧。

在之前所完成的沙盘作品中，他的原我是通过水、桥以及方形的交通工具来呈现的；而现在，它已经清晰且明确地发展成为围绕一个中心的环绕运动！

为了清晰地表达我对这一沙盘作品的感动之情，我想进一步谈谈环行运动的象征含义：

> 德语“马戏团”一词意为“环形”或“圆形”。在古罗马，圆形竞技场主要用于举办战车比赛，后来也用于斗兽表演。在基督教徒遭受迫害的时期，罗马人甚至会将基督徒判处到竞技场与野兽搏斗。

难道这名九岁的男孩了解罗马战车比赛的详细情况？这显然是不可能的。他远离城市，生活在简朴的环境中，甚至连马戏团的表演都没有机会看过。也许他听说过罗马战车，但在现代马戏团的表演中，罗马战车并不常见，因此这一定是一个原型。更有可能的是，他早就听说过人们能驯服像大象和老虎这样的动物，于是在他的沙盘作品中，这些动物会与马一起进行环绕运动。

画面的正中心是一位音乐家，正如克里斯托弗所说，他演奏的音乐让每个人都感到愉悦。因此，整个沙盘作品明显呈现出一种向中心聚拢的趋势。仔细观察可以发现，外圈沙具的运动方向是从右向左（即逆时针）进行的，在心理学上这相当于一种朝向无意识的方向运动；而内圈沙具的运动方向则是从左向右（即顺时针）进行的，也就是朝向意识的方向运动。

既然我们已经知道，个体的中心化实际上等同于一种圣秘体验，即与人类内在的宗教力量产生联系，那么将这种中心化与牧师拿着香炉在祭品上进行的三次环绕运动（两次从右向左，一次从左向右）进行比较，也许就不会显得过于牵强。祭品（在天主教弥撒中）被祝圣，并为即将发生的实质性转变做准备。这名男孩沙盘作品的内容无疑展示了一种具有转变意义的中心化趋势。在这里，治愈心灵的原型功能在看似微不足道的游戏中以一种令人震惊的方式表现了出来。沙盘作品中那些让人联想到罗马战车比赛和斗兽表演的消极力量，是否有可能正处于一种无意识状态却具有极深意义的宗教向现实的转变之中呢？

在其他文化中，圆形本身以及围绕中心的绕行运动也具有神圣的象征意义。荣格在《心理学与宗教》一书中提到："自古以来，圆形和中心就是神的象征，它清晰地体现了神的整体性——中心的单一点和围绕它的众多外围点。"他还进一步说道："在心理学领域，这种排列代表着曼陀罗，是原我的象征。它不仅包含个体的自我，还包括许多与之志同道合或命运相连的存在。原我并非自我，而是一个更高层次的整体，它涵盖了意识与无意识。然而，由于无意识没有明确的界限，并且在其更深层面上具有集体性质，因此它不能与个体的意识完全区分开来。因此，无意识意味着多元统一、万物一体。”

为了守护自己免受内心崩塌的恐惧（正如图 2–2 所揭示的那种深切的担忧），男孩在母婴关系所营造的移情场景中，成功地在内心深处开辟了一片神圣的避风港。凭借这片受保护的空间，他如今有望与外部世界展开互动。回首他的第一幅沙盘作品，其中内外世界都处于割裂状态：在家中，他感到安全舒适；而在山上，他却感受到了难以言喻的巨大威胁。

从象征意义上来说，他如今所展现出的中心化趋势，正是正常儿童在 2~3 岁时所呈现的典型特征。从这一阶段开始，一个健康而强大的自我将逐渐发展起来。

除了绘画和制作模型等小型艺术创作之外，克里斯托弗还开始尝试手工制作。在这一过程中，他再次展现出了出色的手工天赋，并且其良好的色彩感知能力也得到了充分体现。在这个阶段，我会为孩子提供更多的机会去发挥其创造力。重点并不在于创作出完美的艺术作品，而在于让他们能够自由地表达自己的想法。

在治疗过程中，我们应当关注埃里希·诺伊曼所提及的儿童发展阶段。即便在年龄稍大的孩子身上，我们也能看到第一阶段所呈现的植物性和动物性特征。在这个阶段，孩子们通常会创作出描绘植物或动物的图像。在克里斯托弗身上也是如此。

克里斯托弗随后创作的一幅沙盘作品呈现的是原始森林（见

图 2–5）：一条河流在天然的河岸之间蜿蜒流淌，穿过被森林覆盖的区域；有一处被众多动物踩踏出的浅滩和一座桥连接着河的两岸；动物们来到河边饮水；在作品的最右侧，河的两岸各站着一个摩洛哥人。

图 2–5　克里斯托弗创作的呈现原始森林的沙盘作品

从这两个深色皮肤的摩洛哥人身上，我看到了克里斯托弗的自我。尽管它仍处于深藏于无意识层面（图 2–5 中的原始森林所象征的）的本能阶段，但已经开始逐步显现出来。

在日常生活中，克里斯托弗越来越独立，他的上进心也越来越强烈。好成绩对他而言变得至关重要。我受邀参加了他的一场考试，亲眼见证了他所取得的进步。

不久之后，他与环境之间的互动便在他的沙盘作品中显现了出来（见图 2–6）。

图 2–6　显现克里斯托弗与环境之间互动的沙盘作品

此前的沙盘照片中，水流在天然河岸之间流淌；而这一次，水流被引入了一条人工开凿的河渠。河渠中船只往来穿梭，两岸则是交战的士兵。克里斯托弗说，这些士兵都是为苏伊士运河而战的非洲人。与此前沙盘作品中那些让人联想到原始森林的深色树木不同，这一次，作品中生长的是棕榈树，这种树主要分布在近东和欧洲南部。沙盘中还有大象。

从心理学角度来看，与近东的棕榈树相比，非洲原始森林所代表的心理层面更为深层。因此，我们可以认为，克里斯托弗的自我发展已经开始变得更加清晰。此外，作品中人们为了争夺一个由人类创造的水渠（一项科学技术的杰作）而展开斗争。因此，在这种情况下，我应该在所有对他未来职业发展有帮助的方面给予这个孩子支持。此外，他主动建造了一条小型缆车线路，将他朋友的房子与自己的房子连接起来。他与我讨论了所有的计划和执行方案，而我也为具体实施提供了帮助。这条缆车线路象征着他与外部世界的联系，这对他未来的生活至关重要。

那个最初让克里斯托弗苦恼不已的学校，如今也变得几乎毫无问题。他坚持不懈地练习那些最让他头疼的科目，他早已绕过了被降到特殊班级的危险暗礁。虽然他算不上一个出色的学生，但他现在有机会为日后的职业教育和培训做准备了。

在治疗期间，克里斯托弗创作的最后一幅沙盘作品展现的是位于苏黎世湖和格赖芬湖之间的山峦（见图 2–7）。沙盘中的一栋栋房屋象征着村庄，而站在房屋旁的人们则代表着村民。一条公路蜿蜒曲折地穿过山丘。在山丘的最高处，也就是山顶的位置，坐着一个小男孩。他自由自在地坐在那里，而他所处的位置正是他真正的家。

克里斯托弗对周围世界的适应已经基本完成。最初沙盘作品中所表现出的阻碍儿童发展的攻击性力量，在这里以一种转化后的形式展现出来。此前沙盘作品中，那些在山上战斗的士兵曾威胁到坐在杨树下长凳上的男孩；而现在，沙盘作品中展现的是人们正在自由地从事自己的工作。就这个男孩自己而言，在第一幅

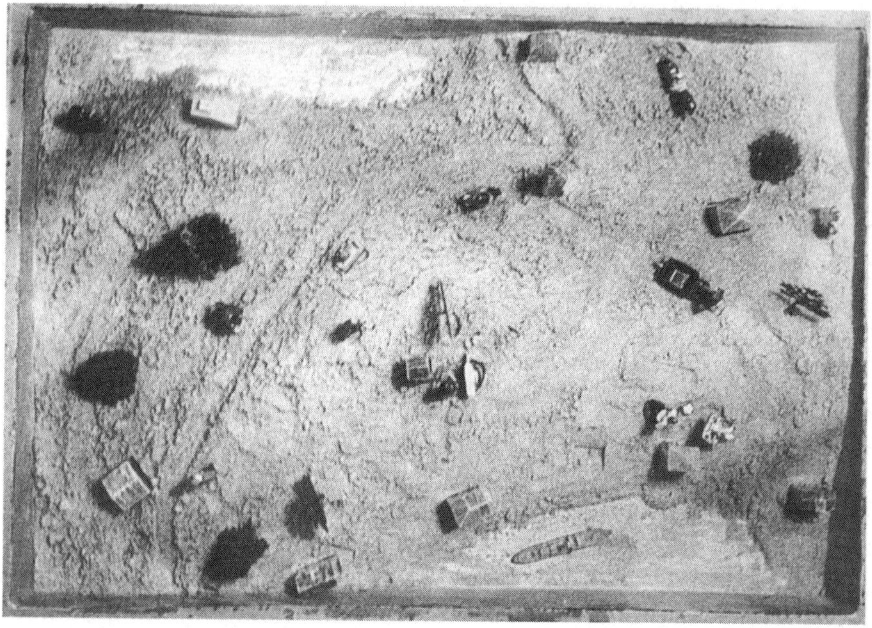

图 2–7　克里斯托弗创作的最后一幅沙盘作品

沙盘作品中，他一方面处于自己最亲近的家庭环境中，另一方面却被战乱所包围；而现在，他正坐在山坡上的路边等公交车，正如克里斯托弗自己所说，那辆公交车将带他走向广阔的世界。

03

孤独的学障少年重获成长力量

我从 12 岁的吉姆那里得知，他的生活毫无乐趣。据他的父亲描述，他是一个孤独的小男孩，没有朋友，性格孤僻，还常常感到无聊。从小，游戏就从未引起过他的兴趣。他偶尔会读书，但兴致并不高。然而，在与成年人打交道时，他却能轻松适应。

吉姆总是衣着得体，头发梳得整整齐齐，给人留下干净利落的印象。但他的父亲却深感忧虑。尽管在上学的最初几年里，吉姆并未遇到太大困难，但他逐渐与同龄人疏远，学习上也开始出现障碍。他接受了智力测试，结果显示他的智力高于平均水平。他也接受过治疗，但未能达到预期效果。治疗师建议将他送去寄宿学校，在那里，人们希望他能更容易交到朋友，并像其他同龄人一样在体育活动中尽情嬉戏。

吉姆的父亲从未想过要与儿子分开。妻子几年前去世后，他一直与儿子们相依为命。

现在，让我们走进吉姆自己的故事。他在两岁时失去了母亲，一位保姆承担起了照顾他和小他一岁的弟弟的责任。在随后的六年里，这位保姆像亲生母亲一样呵护着他们，也赢得了他们的爱。然而，妻子的离世给吉姆的父亲带来了巨大的痛苦。时间不仅没有治愈他的伤痛，反而让伤口愈发深重。他离开了曾经与妻子共同建立家庭的地方，也放弃了工作。更糟糕的是，他始终无法确定新的职业方向。一种持续的焦虑情绪紧紧抓住了他。焦虑就意味着不确定，在这种状态下，他又怎能为儿子们提供他们所需的安全感呢？在一位治疗师的建议下，他将小儿子送进了寄宿学校，自己则与大儿子留在家中，努力维持家庭的完整。从人性的角度来看，这种愿望完全可以理解，因此，只要有可能，就应该尽量满足。

不知不觉间，吉姆已经 12 岁了。凭借聪慧的天资，他被分到了文理中学的顶尖班级。然而，他并非一个出色的学生，尤其是拉丁语课让他备感吃力。

他的父亲曾忧心忡忡地问我：“我的儿子能否顺利读完中学？是否能避免与我分开？”

要求治疗师用“是”或“否”来回答这样的问题，未免过于苛刻。没有什么比心灵更复杂、更微妙，也更容易受到各种影响。但如果能构建一个既自由又受保护的空间，心灵便能充分施展其力量。只有在这样的环境中，心灵的诸多可能性才会显现出来，而这些可能性常常令人惊叹不已，宛如奇迹。心灵本身具有自我疗愈的倾向，治疗师的任务就是为其铺平道路。然而，期望在每个案例中都能找到这条道路，未免过于狂妄。只要存在治愈的可能，每一个案例都值得我们认真去尝试。

吉姆第一次踏入治疗室时，我感觉他似乎并不像一个普通孩子，那些真正赋予他生命力的东西仿佛早已深埋在内心深处。

他带着一丝疑惑向我打招呼，但依然保持着礼貌，似乎没有什么能让他偏离他那种端正的姿态。我十分确定，他一开始是不会主动玩耍的。我甚至不敢邀请他玩游戏，因为这可能会让他变得更加难以接近，甚至伤害到他的自尊心。

那天，我和他聊起了学校和拉丁语。聊了一会儿后，他开始打哈欠。这是他对这一切毫无兴趣最直观的表现。因此，可以肯定的是，课后辅导对他不会有太大帮助，甚至改变他周围的环境也无法显著改善他的状况。这种无精打采的状态正是片面发展的体现，而要改善这种情况，我们必须首先找到它的根源。

在第二次治疗中，吉姆明显活跃了许多。一进门，他便迫不及待地问我，是否可以在我的沙盘里建造防御工事。他的提议让我颇感意外，但我随即向他展示了可用的沙具。一件看似不可能的事情，正逐渐变为现实。他先小心翼翼地往沙子里加水，调整到合适的湿度以便塑形。随后，他全神贯注地堆砌出一堵堵墙壁，最终构建出一个完整的防御体系（见图3–1）。

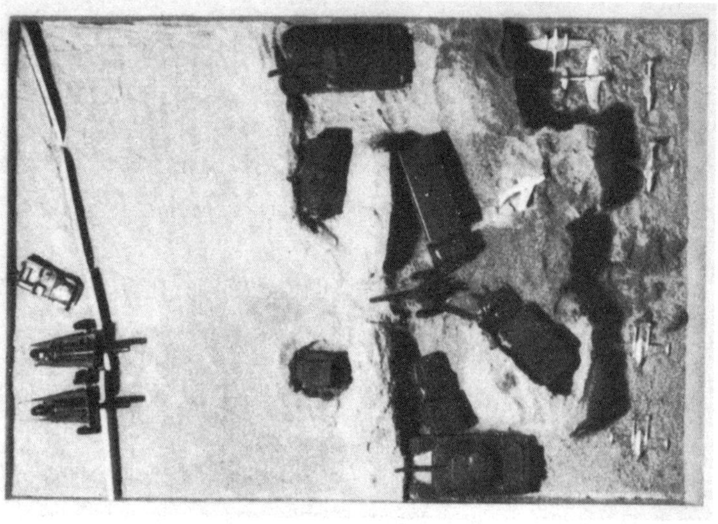

图3–1　吉姆构建的具有完整防御体系的沙盘作品

他将坦克、大炮等重型武器以及轰炸机精准地放置在防御工事中，仿佛经过了精心测算。沙盘的左侧起初是空的，直到他对右侧的布局感到满意后，才开始着手左侧——他确信从左侧看不到那些武器。接着，他迅速在左侧的薄弱金属屏障后放置了三门轻型火炮。他审视着整个沙盘，最后悄无声息地将一架飞机摆成坠毁的姿态，放入他精心构筑的防御工事中。

沙盘中双方对峙的力量极不对等，这让我忍不住提出了一个问题，这也是整个咨询过程中我唯一一次向他提问。我转向那个男孩，问道："这三门轻型火炮能抵挡得住那些重型武器的进攻吗？"他的回答是："谁知道呢。"

他这句话深深地触动了我。因为在回答中，他无意识地表达出了治愈的可能。

他用那架坠毁的飞机来象征自己当下的处境。他的生活一直以来都以自我意识为导向。他聪明、善于学习、懂得礼仪，能够适应外界的要求。然而，他内心深处的创造力正受到威胁，甚至快要窒息。创造力，正是人性中最本质的部分。在青春期的初始阶段，当男孩逐渐成长为男人、女孩逐渐成长为女人时，能否获得那些确保个性发展的能量源泉至关重要，因为这些能量是人格不断形成与发展的关键。

在这个案例中，吉姆的创造力从幼年时期就受到了威胁。孩子从母亲子宫的保护中来到这个世界，依然需要母亲的长期呵护。母亲通过关爱和呵护给予孩子安全感，而这种安全感正是孩子按照天性发展的必要条件。如果母亲的保护缺失，孩子就会退缩到自己的内心深处，筑起一道防线来抵御外界的影响。这道防线背后隐藏的是恐惧，而当恐惧积累过多时，它会转化为攻击性。如果这种攻击性被压抑，无法释放，它就会消耗大量的心理能量，使得孩子几乎没有多余的能量去应对新事物。因此，当孩子面对

“过多”的要求时，就会出现问题。在我们这个案例中，拉丁语作为一门新开的必修课，对孩子来说难度过大。敏感的孩子因此受到惊吓，失去勇气，表现出冷漠，这让父母和老师感到困惑，但这完全可以理解。

沙盘中坠毁的飞机象征着他绝望的处境。它位于沙盘一侧，靠近防御工事后的重型火炮，这些火炮正是吉姆被压抑攻击性的体现。沙盘中的场景也反映了吉姆当下的生活状态。这实际上是他的第一次创造性游戏，开始让原本僵化的态度变得活跃起来。沙盘中那三门藏在单薄金属板后的轻型火炮，展现了他内心深处被压抑的动力。在我看来，三门火炮意义重大，因为“3”是一个充满动态的数字。无论在何种情境下，它都与某种过程相关，代表着一个开始和一个目标。例如，在童话中，年轻人为了赢得公主的芳心，进而征服整个王国，必须完成三项艰巨的任务。

对吉姆而言，他所要征服的“王国”就是，根据自己的天赋成为一个对集体有用的人。难道每个人不都是自己的主人和国王吗？凭借自己的才能和天赋，每个人都能在任何领域从事一项工作，无论是在手工艺还是在智力领域，这项工作都能让他每天焕然一新并感到幸福。然而，如果这位国王没有自己的王国，又会怎样呢？最重要的是，他从哪里获得那种超凡的力量来领导和管理这个王国呢？

关于如何发挥这些力量，数字“3”的另一层象征意义给出了答案。自古以来，“3”不仅代表着动态，还被视为神圣的数字。早在数千年前，人们就已经将神性的作用与“3”联系在一起。

“3”似乎与一种超越人类的力量紧密相连。荣格在对“三位一体”教义进行心理学解释时指出（《荣格文集》第 11 卷，第 211 页）：“三位一体是一种原型，它不仅促进精神发展，甚至在必要时还会强制推动这种发展。”在这种神圣力量的庇护下，吉姆的无意识中“知晓”，那些看似微弱的能量其实蕴含着战胜强大攻击性的希望，而这些能量本质上“比我们的自我更为强大”。

治疗师的职责是捕捉并保护孩子身上显现出来的力量，为它们提供发挥作用的机会。

我一次又一次地感受到，孩子的内心与精神和治愈的力量如此接近。孩子简单的一句“谁知道呢”，蕴含着深刻的人生智慧，这让我立刻想起了中国古代的智者老子。在他的《道德经》第 76 章中，我们读到了这样一段对所有人都适用的话：

> 人之生也柔弱，其死也坚强。
> 草木之生也柔脆，其死也枯槁。
> 故坚强者死之徒，柔弱者生之徒。
> 是以兵强则灭，木强则折。
> 强大处下，柔弱处上。

以及第 78 章其中的一句话：

弱之胜强，柔之胜刚，

天下莫不知，莫能行。

老子的智慧在历史长河中不断得到验证：当少数人不得不对抗占据压倒性优势的强权时，弱者因坚定的信念会爆发出意想不到的力量，并最终赢得胜利。

当吉姆来进行下一次治疗时，他在沙盘中又搭建了一个防御工事（见图 3–2）。我很高兴看到他对游戏的兴趣，也急切地期待着他的状态会如何发展，于是我欣然同意了他的想法。确实，他在沙盘中又构建了一个“防御体系”，但这次的布局显得更加松散。他看了看沙盘，说道：“现在没那么封闭了。”

图 3–2　吉姆又构建了一个“防御体系”更加松散的沙盘作品

的确，吉姆这次堆砌的墙壁没有之前那么高了，似乎这个男孩已经开始逐渐拆除自己的防御壁垒了。

在下一次治疗中，吉姆一进门就径直走向沙盘。他再次堆砌起墙壁，但这一次是为了建造一条飞机跑道，跑道后面整齐排列着飞机和轰炸机，蓄势待发，准备升空。这条跑道又宽又长，向左延伸，指向尚未实现的可能性的方向（见图 3–3）。这表明，那些积压已久的、异常强烈的攻击性情绪终于得到了自由释放。

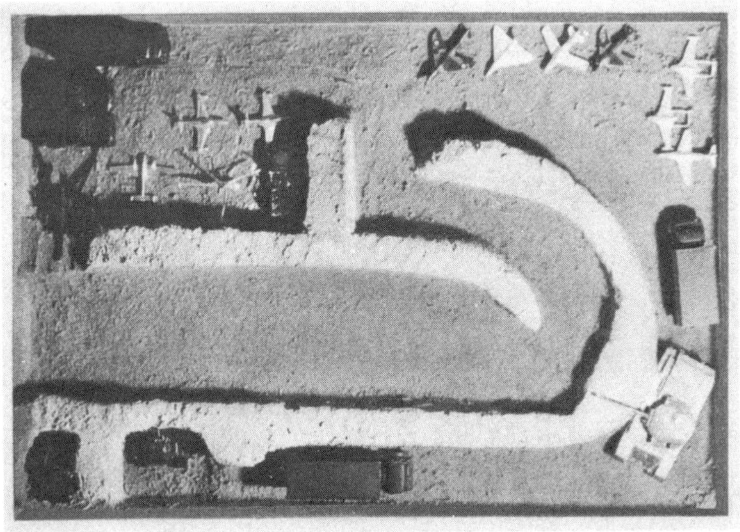

图 3–3　吉姆创作的具有攻击性情绪得到自由释放的沙盘作品

我满怀期待地思索着，这种变化究竟会以何种方式影响这个男孩——他此前从未故意破坏过任何东西。

在接下来的治疗中，他不想再玩沙子了。当我问他想做什么时，他环顾四周，发现了飞镖，毫不犹豫地拿起它们投向靶子。但很快，他便对靶子失去了兴趣，转而将飞镖投向我刚刚粉刷好的木质壁板。飞镖扎进木板时，震落了许多木屑，这足以证明他投掷时蕴含着多么巨大的能量。最让他感到惊讶的是，我竟然允许他这么做。这是他第一次露出笑容。我没有责备他，也没有因为他破坏了壁板而训斥他，而是希望让他明白，这里发生的一切都是为了帮助他。

然而，飞镖游戏显然无法满足他。他很快发现了一把小型气步枪，这对他来说更具吸引力。他开始向靶子射击，并且似乎从中找到了乐趣。但他并不满足于此，他渴望制造一些噪音，听到玻璃碎裂的声音。于是，我灵机一动：我们一起走进了酒窖，那里堆满了空酒瓶，他可以尽情地将它们打碎。随着酒瓶被击中，它们四分五裂，化为无数碎片。在接下来的几次治疗中，这成了他最享受的环节。

然而，当所有的酒瓶都被打碎后，这个环节也不得不停止。此时，他只剩下一个愿望：他想把市政歌剧院里悬挂的吊灯打下来。从这一点可以看出，他体内仍然积压着巨大的攻击性。他很清楚自己的愿望无法实现，但他仍然渴望打破一些完整的东西。我让他自由选择咨询室里的一件物品，因为我感觉到，他体内的攻击性正在寻找一个释放的目标。吉姆环顾四周，目光最终落在了娃娃屋里的一张方形小木桌上。他问我是否可以将这张桌子作为射击的目标。“当然可以。”我回答道。

起初，娃娃屋里那张小桌子与剧院的吊灯相比，似乎只是一个微不足道的目标。然而，这张桌子的方形结构却代表着一种完整的整体。

吉姆本能地抓住了方形这一象征物，表现出一种对中心化的渴望。我再次任由他去做。或许之前我对他的破坏性行为背后的推测并不明显，这里我想引用一种来自东方的思想来进一步解释。在日本，许多禅宗大师都练习射箭，但这并非是为了与对手进行残酷的对抗，而是一种精神上的修炼，是对自我的一种探索。当人们瞄准靶心时，他们也在瞄准自己的内心。通过这种方式，射手试图找到自己的内在中心，而这一过程往往需要经过多年的艰苦练习。赫立格尔在《箭术与禅心》一书中写道：“这种对抗在于，射手似乎在瞄准自己，但又并非完全在瞄准自己；他可能击中了自己，但又并非真正击中自己。因此，瞄准者与被瞄准者、击中者与被击中者合而为一。弓和箭不过是实现某种目的的借口，它们是通往目标的途径，而非目标本身。”

在这里，我们可以清晰地感受到我之前提到的现象：当我们以整体性为目标追求某种中心化时，“四合”（四角方桌）便会显现。这个男孩既是施动者，也是受动者，他必须直面那些阻碍他发展的因素——而这些因素本质上与他自己密切相关。他需要打破旧有的姿态，用一种新的态度去取代它。

吉姆的下一个目标是沙具中的一个小雕像。用荣格的话来说，它象征着一种典型的人格面具：从表面上看，它完美无瑕，但我们却无法窥探其内心的真相。他将这个小雕像放在一块黏土上，然后用枪弹将其彻底摧毁。至此，他终于完全摆脱了此前所表现出的那种姿态。

我必须承认，那一刻我内心充满了纠结，开始质疑自己是否对他过于纵容。我甚至隐隐担心，他是否会将这种攻击性转向活生生的人。

第二天，我与孩子的父亲进行了交谈，想了解这件事对吉姆产生了怎样的影响。他告诉我："昨天晚上发生了一件非常特别的事情，吉姆昨晚第一次主动给我道晚安，并且亲吻了我。这样的事情在他小时候都未曾有过。"男孩身上那种僵硬的姿态终于被打破——他亲手撕下了自己的面具。情感的洪流冲破了那道坚固的壁垒，他终于能够毫无顾忌地拥抱自己的父亲。

这一反馈深深触动了我，因为我知道这位父亲自己也难以自如地向孩子表达情感。当他看到儿子主动向他靠近时，他的内心充满了无比的喜悦。

至此，吉姆积压已久的攻击性终于得到了充分地释放。准确捕捉到这一转折点并非易事，但它无疑是治疗过程中极为关键的时刻之一。如果错过这一时刻，那些释放出来的能量可能会以一种破坏性的方式固化下来。因此，治疗师能否接纳这些重新被唤起的能量，并将其引导到建设性的方向上，显得尤为关键。

在随后的一次治疗中，吉姆发现了一把汽油喷灯。起初，他在花园里玩得不亦乐乎，把喷灯里的汽油一滴一滴地滴到地上，然后点燃，形成许多小火焰。我必须承认，这确实是一个很有趣的游戏。然而，这并不是我期望他继续发展的方向，于是我第一次在治疗过程中对他进行了引导性的干预。

我向他解释道，汽油喷灯是一种极为实用的工具，能够轻松去除木材上的旧油漆。我居住的这栋房子历史悠久，可以追溯到中世纪，而屋内的许多横梁仍被一层难看的油漆覆盖。于是，我们开始尝试用喷灯发出的炽热光束来熔解这些油漆。这项工作充满了趣味！我们对这项从游戏逐渐转变为工作的任务投入了极大的热情，这种热情持续了数个小时。喷灯喷射出的火焰不仅熔解了油漆，更蕴含着一种能量，让古老的横梁重新焕发出美丽的原木色泽，同时也为吉姆带来了积极的影响。

在我看来，是时候让他制作一个新的沙盘作品了，而吉姆也愉快地接受了这个提议。

我欣慰地看到，吉姆再也没有去碰那些坦克沙具。在沙盘中，色彩、树木和人物第一次栩栩如生地呈现出来。曾经堆砌着坚固壁垒的地方，如今横亘着一片稀疏的小树林。而在沙盘的左侧，四个印第安妇女抱着孩子围坐在火堆旁，这一幕让我简直不敢相信自己的眼睛（见图 3–4）。

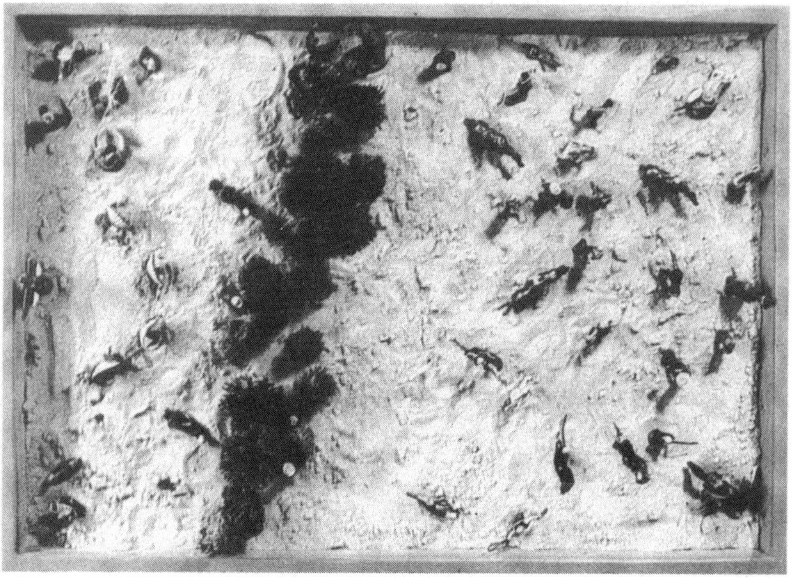

图 3–4　色彩、树木和人物第一次呈现在吉姆的沙盘作品中

沙盘中生动地呈现出了充满原型色彩的家庭场景。吉姆童年时期被打破的一切，如今正在神奇地重新拼凑起来！那些多年来持续消极发展、以被摧毁的四角方桌为象征而必须消失的东西，如今却以一种奇妙的方式重新显现。

在印第安妇女的同一侧，四名身着华丽羽毛装饰的印第安人站在图腾柱前，而在小树林的另一侧，牛仔与印第安人之间的战斗正在进行。当被问及站在图腾柱前的印第安人在做什么时，他回答道："他们在祈祷，希望这场战斗能为他们带来好运。"毫无疑问，这幅画面所展现的正是荣格所说的"原我"。四位母亲象征着孩子完整性的完美体现，她们也以最美的方式揭示了吉姆身上所发生的转变。他此前所经历的无边无际的不安全感，如今已在完整的家庭中转化为内在的安全感。

这一美好的转变令我深受触动。依我的经验，此类转变与呈现往往以"圣秘"的方式被感知。在沙盘中，那些祈祷的印第安人形象再次印证了这一点。我们的生活，尤其是青春期，常常被感受为一场战斗；然而，如果这场战斗是在一种内在平和与安全感的基础上展开的，并且深深植根于"圣秘"的特质之中，那么它将助力个体发展并强化其人格。

一周后，吉姆摆出了一副类似的沙盘，进一步加深了我的判断。在之前四名印第安妇女围坐的地方，如今出现了八名印第安人，他们嘴里叼着象征和平的烟斗，围坐在篝火旁；而印第安妇女们有的在煮饭，有的抱着孩子坐在一旁（见图 3–5）。这一画面清晰地显示出他已经实现了中心化。

在大多数文化中，数字"4"作为整体的象征，通常与大地联系在一起，象征着现实情境；而圆形作为整体性的象征，则代表着天空，指向精神层面。

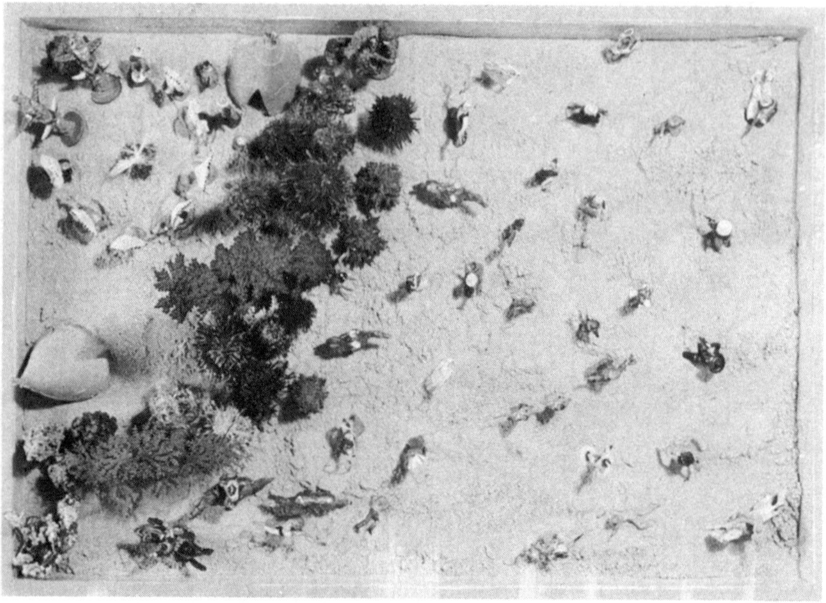

图 3–5　显示出吉姆已经实现了中心化的沙盘作品

在我看来，原我的表现形式多种多样，但其中最令人印象深刻的是“圆”。它象征着健康自我发展的起点，也是内在人格因素得以展现的基础。因此，我认为这个男孩的健康成长似乎已经得到了保障。然而，当这些积极的迹象刚刚出现时，吉姆就像一名新生儿一样，需要外界的保护和呵护。此时让他结束治疗将是大错特错。此前因恐惧而受阻，并以攻击性表现出来的个人发展潜能，如今已经获得自由，但需要加以引导。于是，那些曾经看似无法完成的任务，或者那些无法施展的天赋，突然之间变得轻而易举，不再费力。

吉姆体内被唤醒的巨大能量，通过他用两个沙盘共同创作的沙盘作品得以呈现（见图 3–6）。这幅作品描绘了一场紧张刺激的

图 3–6　呈现吉姆被唤醒了巨大能量的沙盘作品

赛车比赛，他最喜欢的赛车正遥遥领先。那些配备强劲引擎的赛车，正是他释放出的能量的象征，如今这些能量在稳固而有序的轨道上安全地驰骋。消防车、救护车和运输车在赛道旁严阵以待，随时准备应对赛车失控的情况。而在第一幅沙盘作品中曾出现飞机坠毁的那片区域，不再是一片令人绝望的景象，取而代之的是一架已经做好起飞准备的直升机。

实际上，吉姆至此已经经历了三个心灵阶段：表达攻击性阶段、原我的显现阶段，以及积极利用能量源泉阶段。我们可以合理推测，这三阶段是通过沙盘左侧的三个轻型武器所暗示的。

他所追求的目标，换言之，他渴望抵达的“理想之境”，已然触手可及。

吉姆开始热爱那些富有建设性的工作，结交了许多朋友，还成了父亲的贴心伙伴。与此同时，他在学校也逐渐站稳了脚跟，开始坚定地表达自己的想法。六年后的今天，吉姆早已结束了治疗，正站在高中毕业考试的门前。那个在治疗初期几乎无解的问题，如今已在他心中迎刃而解，变得清晰而自然。

Sandspiel
Seine therapeutische
Wirkung auf die Psyche

04

被母亲“圈养”到窒息的女孩的破茧之旅

12岁的达妮埃拉在母亲眼中是一个害羞而拘谨的小女孩。她不敢独自去拜访朋友，也无法独自在外婆家过夜，与人建立联系对她来说也极为困难，因此她显得格外孤独。她的老师也常常抱怨她对任何事情都显得兴趣索然。尽管达妮埃拉的个子比同龄人高，身体发育也很好，但她给人的印象却是一个非常被动的学生，似乎并不适合进入要求更高的高中学习。她的父母并不愿意接受学校的建议，将她转到要求较低的班级，因此把她带到了我这里。

达妮埃拉很乐意接受我的建议，开始用我的沙具进行游戏。她首先布置了一片被篱笆围起来的草地，让奶牛在那里吃草。草地前面有一辆马车，两匹拉车的马深陷在沙子里动弹不得。在马的正前方，有一条通向对面客栈的道路。一个人正朝着客栈走去。在路边的一棵树下，有一张供人休息的长椅（见图 4–1）。

图 4–1　达妮埃拉听取我的建议制作的沙盘作品

我立刻意识到，达妮埃拉的人生之车处于受困的局面。拉车的马儿步履维艰，似乎难以继续前行。它们的脚被卡在了象征着母亲领域的区域，而这一区域正是由那些悠闲吃草的奶牛所代表。通往外面世界的道路显得漫长而艰难，而客栈便是外部世界的象征，它代表着一个对所有访客都敞开着大门的地方。在沙盘中，客栈被放置在篱笆对面的左下角，这样的位置似乎暗示着达妮埃拉需要与自己的无意识和内在能量源泉建立联系，从而找到真正适合自己的发展方向。在客栈旁边还站着一个男人，他与代表家庭世界的母亲形象截然不同，象征着与外部世界的联结。

虽然达妮埃拉给人的印象极为内向，但从第一次见面起，我就明显感受到她在我这里感到很放松。因此，我向她的父母建议让她接受短程治疗，我希望能帮助她从这种障碍中解放出来。

在第二次治疗中，达妮埃拉告诉我她曾做过一个关于蛇的“可怕”的梦，至今仍记忆犹新。我建议她把梦中的蛇画出来，因为当人们尝试将那些令人恐惧的事物具象化时，它们往往会失去原有的恐怖感。

达妮埃拉立刻动笔，她的画笔稳健而流畅，很快便勾勒出八条蛇散落在草地上的画面。这些蛇被她用水彩颜料涂得色彩斑斓，而画中的草地郁郁葱葱，开满了鲜花，给人以生机勃勃之感。达妮埃拉也觉得这幅画整体上显得十分欢快。只有一条蜷缩成一团的盲蛇被涂成了灰色。它或许象征着女孩尚未触及的无意识状态的问题，代表着她尚未发展出来、毫无色彩的内在特质。在青春期，当孩子们向成年转变的过程深入到更深层次时，蛇的意象常常会出现。蛇蜕皮象征着更新，而这种更新已经在达妮埃拉的无意识中悄然发生，它重新唤起了生命的神秘力量。此外，蜷缩的蛇也可能暗示着这位 12 岁女孩尚未完全发展出来的女性特质。

为了从意识层面帮助达妮埃拉理解她的梦境和沙盘作品，我询问了她学校的课程数量。答案是八门！她告诉我，除了数学之外，其他科目她都能应付自如。我们都意识到，八条蛇中唯一蜷缩的那条很可能就代表着她不喜欢的数学。从这一刻起，她需要更多地关注这门课。这样一来，这个梦也不再那么令人害怕了。

在她的第二幅沙盘作品中，展现了一个交通堵塞的十字路口场景（见图 4–2）。汽车从四个方向汇聚而来，但道路过于狭窄，通行似乎毫无可能。达妮埃拉指出，唯有那辆停在路口的救护车能够顺利通过。

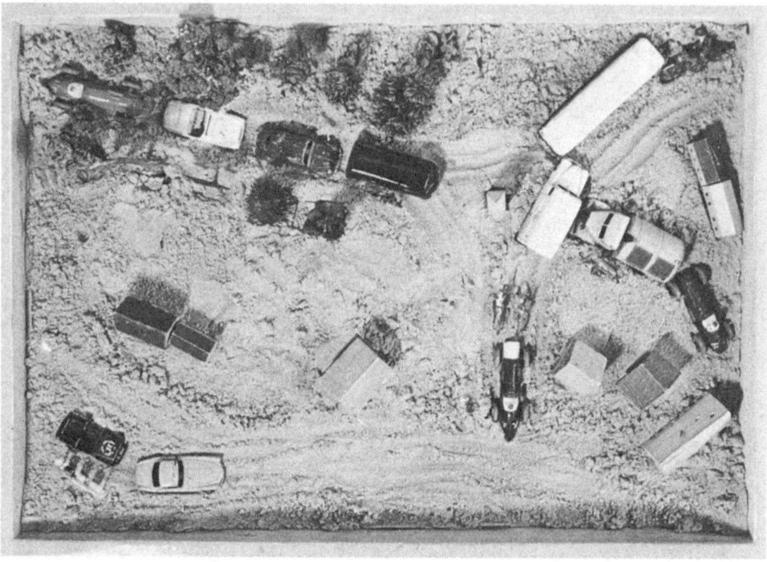

图 4–2　达妮埃拉创作的展现交通堵塞场景的沙盘作品

最引人注目的是，大部分汽车都从左侧一条绿树成荫的道路驶来。这似乎表明，那些积压在无意识中的能量正在被唤醒。而位于沙盘左下角的加油站进一步印证了这一点——正是它为汽车们注入了新的动力。

这幅沙盘作品的场景让我对达妮埃拉充满了希望。孩子似乎渴望摆脱被动的状态，她期待那些奔涌的能量能够在治疗中被驯服，变得有序而可控（沙盘中的救护车仿佛象征着援助与希望）。

从第三幅沙盘作品来看，她的生命能量已经真正开始流动（见图 4–3）。一条宽阔的河流贯穿整个画面，一座桥梁连接着两岸，汽车可以在上面自由穿梭。而沙盘左上角的客栈，如今也能够通过汽车顺利抵达，这象征着她与外界的联结变得更加顺畅。

图 4–3 达妮埃拉创作的让生命能量真正开始流动的沙盘作品

达妮埃拉从花园里搬来几块大石头，将它们放入沙盘作品的河流中。虽然流动的河水象征着她内心的阻碍正在逐渐消解，但河中的石头却表明她仍需跨越一些障碍。然而，这一场景也让我想起了《易经》中对水的描述：“水流而不盈，行险而不失其信。维心亨，乃以刚中也。”

我对达妮埃拉的未来充满信心，尤其是看到她在日常生活中变得更加活泼开朗。她开始主动与朋友见面，并邀请她们来家里玩耍。她对手工活动产生了浓厚的兴趣，尤其在绘画方面表现出色，展现出非凡的天赋。

在她的第四幅沙盘作品中，达妮埃拉构建了一个马戏团的场景（见图 4–4）。整个沙盘被划分为六个方格，每个方格里都在上演不同的表演。左上角，老虎和狮子正在展示它们的技艺，一只老虎刚刚离开表演台，而一头狮子正准备登场；旁边的方格里，一位驯兽师正在指挥四头大象；右上角，五位芭蕾舞者围成一圈翩翩起舞；左下角，几匹白马围绕着一匹站立的马旋转；旁边的

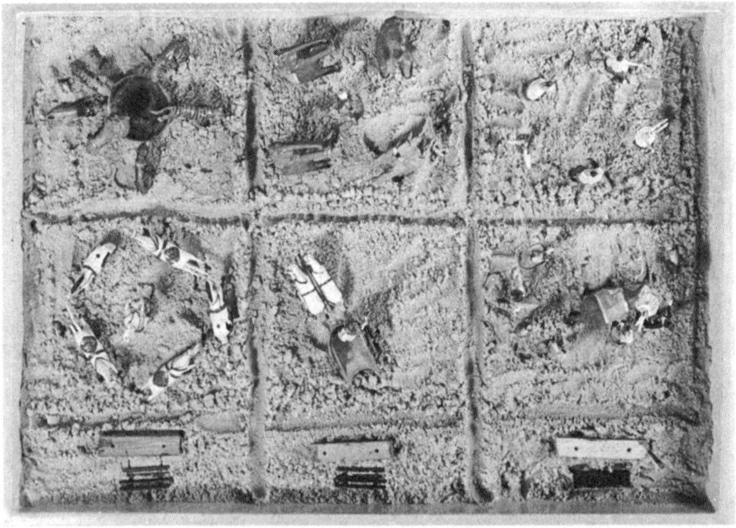

图 4–4　达妮埃拉构建了一个马戏团场景的沙盘作品

方格里是一辆罗马战车；而右下角则是小丑们在表演滑稽节目。在沙盘的最下方，她还放置了观众的长椅。

虽然每个方格中的画面各不相同，但它们都围绕着一个中心展开，或者呈现出一种环绕中心的运动。

与狮子一同出现的老虎，象征着狮子意象的女性阴暗面。在拉丁语中，“老虎”是阴性名词，代表着神秘而深邃的女性特质；狮子作为百兽之王，因其黄色的皮毛与太阳联系在一起，象征着意识的觉醒。狮子的活力则代表着那些即将被唤醒的能量。在画面中，老虎正从中心的表演台上走下来，而狮子正准备登上舞台，这暗示着达妮埃拉的个人发展正处于一个转折点，这种转变将唤醒她之前一直处于沉睡状态的生命力。这种活力也体现在旁边的方格中的大象身上，因为大象本身就是力量与智慧的象征。

达妮埃拉身上真正的女性特质在跳圆圈舞的女孩中得以体现。瓦尔特·F. 奥托（Walter F. Otto）在其著作《舞蹈：论舞蹈艺术》（*Dance: An Essay on the Art of Movement*）中写道：“舞蹈最初是情感的自发表达，触动者与被触动者合为一体。”舞蹈中的舞者成了他们自身的象征，同时也是他们神性的展现。舞蹈所触及的不仅仅是女性气质，更是每个人内在的神性。而圆形一直以来都是与神性相关的伟大体验的象征。

这位 12 岁的小女孩可能在这里描绘了一种深刻的内心体验，这种体验是难以用语言表达的。

马是一种极具天性的动物，它们因承载骑手而展现出一种母性般的特质。白马象征着天马，与神灵有着天然的亲近感。因此，那些围绕着一匹后腿站立的马旋转的白马，可能暗示着达妮埃拉内心深处尚未察觉的某种宗教性冲动。

沙盘中的罗马战车让人联想到希腊语“马戏团”一词的原始含义，意为“圆圈”，这也暗示了围绕中心的绕圈运动。

小丑是欢乐的使者，精通各种艺术表演。他们搞笑的表演背后往往蕴含着深刻的智慧，这些智慧与每个人的生活息息相关，且需要每个人去领悟。这种智慧或许也暗示着人格发展的方向。通常，人格的展开往往紧随一段内在的休整期，而达妮埃拉通过围绕中心点的绕圈运动清晰地表达了这一点。

几周后，达妮埃拉创作的一幅沙盘作品证实了这一假设的正确性。在此期间，达妮埃拉在学校的表现有了显著提升，她对学习表现出浓厚的兴趣，成绩也有了大幅提升。在这幅沙盘作品中，五位妇女来到村里的水井边取水（水井位于一片小树林上方，有一个巨大的屋顶）。左侧站着一位男子，一条小路穿过桥，通往附近的村庄（见图 4–5）。

与之前图 4–4 所示的沙盘作品中围成一圈跳舞的五位舞者形成鲜明对比，那些舞者似乎暗示着一种神秘而超凡的体验，而图 4–5 所示的沙盘作品中的妇女们则在进行一项平凡的日常劳作。这幅画更多地展现了自然的女性特质，即为家人提供生活所需、关心家人福祉的女性形象。这一阶段象征着女孩从少女成长为成熟女性的过程，同时也是自我意识逐渐强化的时期。

图 4–5 达妮埃拉创作的五位妇女取水的一幅沙盘作品

正如图 4–1 所示的那样，12 岁的达妮埃拉已经抵达了她无意识的源头。这是她之前隐藏的天性之源，如今正在浮出水面。从井中取水的行为，如同钓鱼一样，是一种象征性的动作：它能够将无意识深处的内容显现出来。

站在稍远处的男性形象可以被视为女孩内在的男性特质，这一特质在塑造她个性的过程中正变得愈发重要。

我多次观察到，当人们经历了内心的“中心化”体验后，他们内在本性的“另一面”往往会发挥出积极的作用。只有在这个基础上，个体才能真正建立起与集体以及外部世界的联系。

达妮埃拉的情况也是如此。她的学业问题已经得到解决，与母亲的关系也变得更加轻松自在。此后，她开始对绘画产生了浓厚的兴趣。她创作的绘画作品表明，这个正在成长的女孩正逐渐将注意力转向外部世界。

在达妮埃拉创作的最后一幅沙盘作品中，她清晰地表达了自己即将离开父母家的意愿（见图 4–6）。

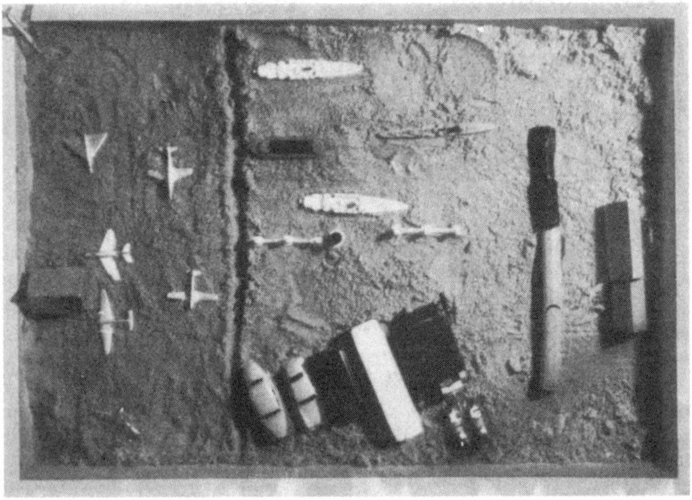

图 4–6　达妮埃拉创作的表达自己即将离开父母家意愿的沙盘作品

机场上，飞机已经做好了起飞的准备；港口里，船只正等待启航；马车和汽车也整装待发，火车即将驶出站台。无论是通过水路、陆路还是空路，它们都已准备好驶向四面八方……

Sandspiel
Seine therapeutische
Wirkung auf die Psyche

05

14 天奇迹般治愈尿床的孩子

我们知道遗尿症（尿床）通常是很难治疗的，特别是当孩子早就过了会尿床的年龄时。因此，当我接到一位住在偏远城市的母亲的电话，询问我是否能在 8 天的假期内帮助她 12 岁的儿子摆脱这个困扰时，我感到十分犹豫。然而，在这位母亲的强烈请求下，我最终同意了，并建议她带孩子前来咨询，希望能找到病因。按照约定，孩子会在假期期间住在离我较近的亲戚家里。

克里斯蒂安就读于小学六年级，是一名非常优秀的学生。与他性格温和的父亲不同，他的母亲在家里非常强势，因此在母亲面前，克里斯蒂安显得有些拘谨。然而，当我们一起走进游戏室时，他立刻变得活跃起来。

为了尽快做出诊断，并尽可能对他的病情发展做出预判，我一反常态，在男孩到来后立刻让他用沙具在沙盘中进行创作。他显然对这个想法很感兴趣，但又有些怀疑这样做是否能帮他摆脱尿床的困扰，于是带着这种复杂的心情开始了创作。在观察沙具的过程中，他变得健谈起来，告诉我他深受这个问题的困扰。他说自己已经看过好几位医生，但都没有效果。每次他醒来时都为时已晚，甚至他专门设置了一个复杂的闹钟装置，希望能在合适的时间叫醒他，但这也未能达到预期的效果。

当他带着痛苦的表情向我倾诉烦恼时，我真心为他感到难过。他再次摇了摇头，表示无法理解游戏怎么会对他有所帮助。我向他解释说，基于我此前进行的大量研究，我或许能够从他的游戏中发现病因，并进而帮助他。我努力向他说明，我们内心存在着许多自己并不知晓的东西。当我们把这些东西视为“好主意”时，它们偶尔会发挥积极作用；而当我们认为它们是“坏主意”时，它们或许真的会带来阻碍。我告诉他，这些想法会在游戏过程中显现出来，而我希望能通过观察来判断它们是否是他尿床的原因。

经过一番思考后，他看了看我，开始挑选沙具。他用手在沙盘中画了一个椭圆形，然后在其中摆放了罗马士兵和十字军士兵。正如他所说，这些士兵正在互相厮杀。他用一道高高的栅栏将他们隔开，同时他们还面临着来自外部其他部队的射击。一名伤员被抬在担架上运走了。在战场旁边，站着一些英国人，他们没有参与战斗。克里斯蒂安说，这些人会带来和平。最后，他在沙盘上部的正中间摆放了一只鹈鹕（见图 5–1）。

图 5–1　克里斯蒂安创作的显现其内心世界有不同能量正在陷入争斗的沙盘作品

从沙盘中可以清楚地看出，男孩的内心世界（椭圆形）中存在着相互对立的能量，这些能量的冲突引发了他内心的不安，使他感觉自己受到了外界的威胁。他觉得自己就像一个伤员（躺在担架上的士兵），一个因受伤而不得不放弃战斗的人。然而，这场内心的战争并非没有希望。正如克里斯蒂安所说，英国人会带来和平。他无法解释为什么英国人会是带来和平的关键，只是说他“非常喜欢他们”。

因此，我只能从英国人的一般特征来进行解读。英国人的性格深受其岛国地理位置和稳定社会关系的影响。他们被认为是自信且平和的民族。“绅士”和“公平竞争”等概念闻名于世，这些都反映了英国人注重品格培养的特点。除了传授知识，英国的教育体系还非常重视学校的品格教育。因此，可以推测克里斯蒂安渴望内心的稳定。但那只关注着一切的鹈鹕又该如何解释呢？

鹈鹕是母爱的象征。根据晚期古典传说，鹈鹕会撕开自己的胸膛，用自己的鲜血哺育幼鸟。这是否意味着男孩无意识里期望在“母婴单元”的保护下实现内心的宁静呢？这一切迹象似乎都指向了与母亲相关的问题。

男孩的母亲告诉我，家中四个孩子的教育完全由她负责。父亲由于工作繁忙，很少有时间陪伴孩子，而他在有限的相处时间里又过于溺爱孩子。因此，母亲必须独自承担起培养孩子们遵守规矩和自律的责任。

第二天，克里斯蒂安创作的沙盘作品让我对他的问题有了更深入的了解。沙盘中呈现了一个马戏团的场景：在圆形舞台的中心，有一位驯兽师和四只训练有素的老虎。整个场景中最引人注目的是正中央放置的一个四灯路灯，这在马戏团表演中显得格外不同寻常。舞台四周坐满了观众，而在舞台左侧，表演者、小丑和罗马战车都已准备就绪，随时准备登台“表演”（见图5–2）。

此时，我终于明白了一切：母亲必须在家中承担起父亲的角色，以明确而严格的方式教育孩子，而克里斯蒂安却将这种教育视为一种“训练”。从这样一位尽职尽责的母亲那里，他很难感受到温暖。

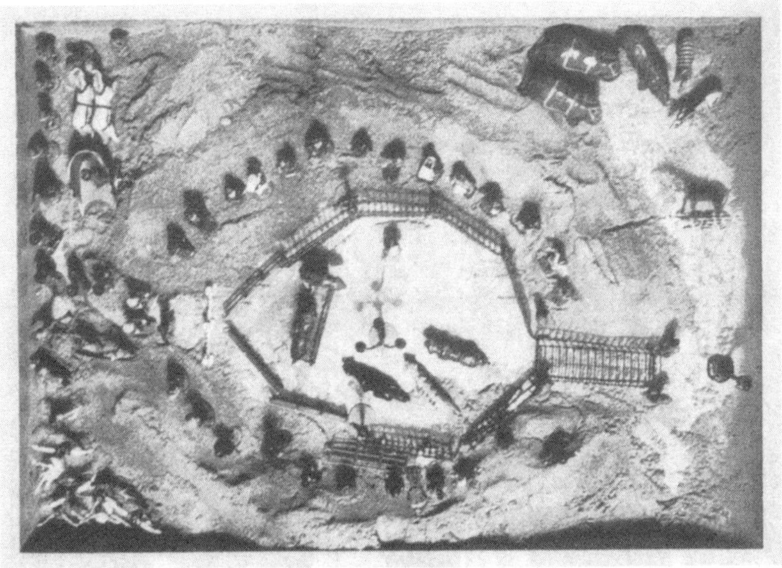

图 5–2 克里斯蒂安创作的展现马戏团场景的沙盘作品

因此，我努力更加积极地回应他，而他显然对此感到非常开心。接着，他表现出想要制作一些手工的愿望，因为圣诞节即将来临，他想利用这个机会制作圣诞礼物。他开始用黏土制作，很顺利地完成了一个碗，并打算稍后给它上色。他变得非常高兴，也更加活泼。我很欣慰地看到，他在前两幅沙盘作品中无意识地表达出的问题，通过这种方式得到了释放。在连续两个上午的手工制作之后，他又完成了一次沙盘创作。

这幅沙盘作品呈现出与之前完全不同的特点。克里斯蒂安非常仔细地在沙盘中“修建”了一条马路，马路下方设有一条地下通道。修建过程中遇到了诸多困难，他不得不使用大量木质结构进行支撑，直到最后用沙子覆盖其上，才形成了一条稳固的道路。道路中央有一条清晰的分隔线，车辆在分隔线两侧双向行驶，秩序井然。通往地下通道的道路同样繁忙，警察正在指挥交通，确保车辆有序通行（见图5–3）。

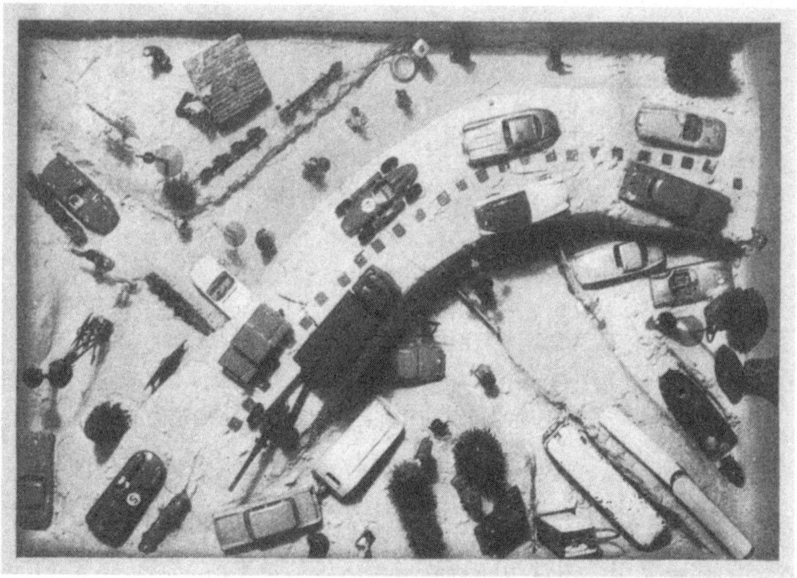

图5–3　克里斯蒂安创作的失去了破坏性的沙盘作品

这表明，图5–1所示的沙盘作品中所表现出的攻击性力量，现在已经通过有序的“道路”得到了引导，从而失去了原本的破坏性。

在图 5–3 所示的沙盘作品中，克里斯蒂安放置了一个护士的沙具，其位置与图 5–1 所示的沙盘作品中鹈鹕的位置完全相反。克里斯蒂安在这里感受到了被完全接纳，仿佛处于母亲的呵护之下，这种感觉已经开始发挥出疗愈性的作用。

在接下来的一天，他再次全身心投入到手工制作中。当他忙着为弟弟制作一架小飞机时，他突然说道："卡尔夫夫人，您比医生还要厉害。"我问道："这是什么意思？"他回答说："我的床已经连续两天都是干的了。"我和他一样感到非常高兴，并默默地希望这种情况能够持续下去。关于游戏是否像药物（他所说的医生提供的帮助）那样有效的疑问，也在此得到了解答。治疗似乎取得了成效，于是我开始和克里斯蒂安讨论向老师申请延长假期的可能性。他听到这个计划后立刻变得兴奋起来，最终我们成功地将他的假期延长了八天。

在这期间，克里斯蒂安每天都来，继续制作圣诞礼物，他想为每一个人，包括他的兄弟和父母，都准备一份礼物。我们没有再继续谈论他尿床的问题。但有一天，他摇着头跟我说："真的，您比医生厉害多了。"他的床一直保持干燥。接着，他谈到了自己的父母和兄弟，让我感受到他与他们之间的亲密关系。他想在圣诞节给每个人带来快乐。他最期待的是，新年过后能和伙伴们一起去参加滑雪训练营。在此之前，他因为尿床的问题，只能一直待在家里。

克里斯蒂安只能在我这里待 14 天，于是在最后一天的见面中，我便提出让他再做一幅沙盘作品。

这幅沙盘作品依然是马戏团的场景，但这一次在舞台上表演的都是英国人（见图 5–4）。他们象征着男孩内心的平静。连我自己都难以置信，在如此短的时间内，他的内心竟发生了如此显著的转变。我建议克里斯蒂安与我继续保持电话联系，因为我担心，这种信任关系如果突然中断，可能会导致他的病情反复。在告别的时候，他再次在我耳边轻声说道："您真的比医生厉害很多！"

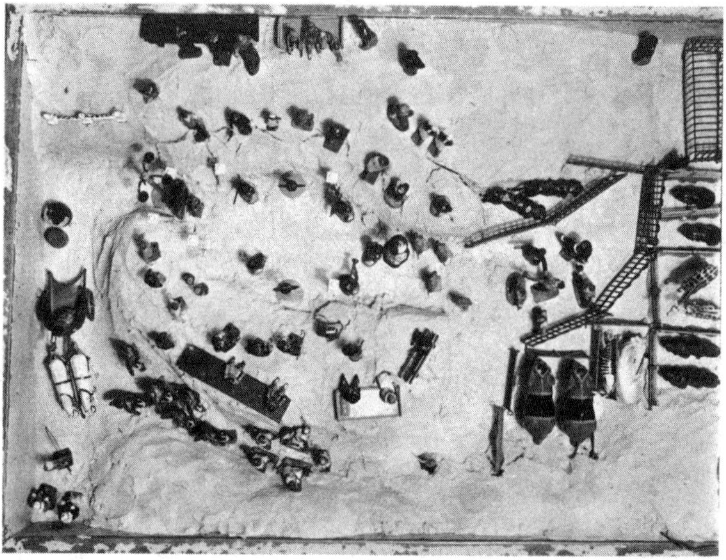

图 5–4　克里斯蒂安创作的马戏团都是英国人表演的沙盘作品

在之后的一段时间里，我们每周通一次电话。渐渐地，我们之间联系的间隔越来越长，直到最终完全停止。

Sandspiel
Seine therapeutische
Wirkung auf die Psyche

06

16 岁迷失少年如何找回内心的本能

16岁的詹姆斯比同龄人高大许多。他有着成年男性般宽阔的肩膀，行为举止也显得十分成熟。他总是不停地抽烟，表现得非常活跃且健谈。他的座右铭是：尽可能多地交朋友，这样就不会感到孤独。

他在家里的五个孩子中排行第二。他的家人从美国来到欧洲生活了一年，为了让孩子们更近距离地接触和了解欧洲文化和当地人，孩子们都被送进了德语学校。然而，詹姆斯在美国时就存在学习困难和注意力不集中的问题，完成高中课程都十分吃力。因此，可以预见，他在一所外语学校会面临更多挑战。尤其是他的英语水平远低于同龄人，这让他进入高校的可能性微乎其微。

因此，詹姆斯的父母求助于我，希望他在欧洲生活的最初阶段能和我住在一起。

仅仅几天，詹姆斯内心的巨大不安就暴露无遗。他无法独处，也无法让自己安静下来。他会快速翻阅插图杂志，仿佛在寻找某种慰藉。这种不安驱使他过上了一种极度外倾的生活：他几乎每天都要去电影院，或者和别的年轻人在咖啡馆聚会。对他来说，待在家里是一种煎熬。但我很快发现，他的这种外倾并不真实，他说话时的手势和走路的姿势都透露出一种无助。尽管他的动作看似敏捷，但步履却显得有些笨拙，仿佛双脚想要紧紧抓住地面，寻找一个支撑点。那么，这种表面的成熟背后，究竟隐藏着什么秘密呢？

治疗刚开始时，詹姆斯创作了一幅描绘乡村景色的沙盘作品（见图 6–1）：画面中有一个农场，农场里有鹅、鸡和带着小猪崽的母猪；一位农夫正在刚耕完的田里播种；围栏里有两匹马，一匹颜色较浅，一匹较深；还有正在开花的树和吃草的奶牛。一条小河穿过这片土地，流入左侧的湖中。整个沙盘给人一种极其宁静的感觉，我猜测这是否表达了男孩对亲近自然的渴望。

然而，沙盘中的两个细节引起了我的注意：在奶牛吃草的田野里，郁郁葱葱的树木旁有一棵光秃秃的、没有叶子的小树，树上停着两只乌鸦。在许多早期文明中，例如美索不达米亚、埃及、中国，甚至今天的印度，奶牛作为产奶的动物，象征着哺育孩子的母亲。因此，沙盘中奶牛吃草的区域很容易被看作母性的象征区域。

图 6–1 詹姆斯创作的描绘乡村景色的沙盘作品

由于这棵光秃秃的小树正好位于奶牛吃草的区域，我推测詹姆斯与母亲的关系可能出现了问题。于是我询问詹姆斯的母亲，在他出生后的第一年里，是否发生过什么重大事件或严重疾病，可能影响了他的成长。

这个问题唤起了詹姆斯母亲的回忆：詹姆斯九个月大时患上了支气管炎，当时医生采用了吸入疗法进行治疗。但由于操作不当，他的摇篮着火了。幸运的是，詹姆斯的伤势并不严重，只在额头上留下了一小块疤痕。

然而，我推测这件事肯定对詹姆斯造成了一定的冲击。考虑到他当时还完全生活在母婴单元的关系当中，完全依赖母亲，这一事件至少会对母子关系产生一定影响。对于当时还处于无意识阶段的詹姆斯来说，这个经历可能会影响他的成长过程。对此，我们还需要寻找更多的证据来支持这一假设。

沙盘中第二个引起我注意的地方是，两匹马被圈在一个完全封闭的围栏里，围栏上没有门。

马的象征意义非常复杂，需要从多个角度来理解。首先，马代表着本能。在这个层面上，它与人类的关系类似于坐骑与骑士的关系。在童话故事中，马会引导迷路的王子找到回家的路，它常被描绘为具有敏锐的感知和预知能力，因此被视为人类的精神伴侣。在希腊神话中，海神波塞冬的坐骑是一匹黑色的马，他用三叉戟搅动海水，并骑着这匹马穿越大海。希腊神话中还有一匹带翅膀的马，名叫佩加索斯，它用蹄子在赫利孔山踏出了希波克里尼灵感泉，因此被认为具有将无意识（象征为水）显现的能力。

由于马的步态轻快且力量强大（马力），它也象征着精神能量。白马与光明和太阳有关，它曾拉动太阳神赫利俄斯的战车。在中国，白马曾驮着唐僧前往印度取经，并将佛经带回中国，因此白马也被赋予了宗教意义，甚至为其建立了庙宇。不仅在中国传统中，基督教中也有白马的身影。《启示录》19:11 提到，基督耶稣将骑着白马，对抗从地狱中出来的邪恶生物。

沙盘中的两匹马（一匹深色、一匹浅色）被完全隔离在农场的其他区域之外，这让我推测，男孩的片面发展可能首先是因为本能的丧失。

在这种状态下，詹姆斯无法去学校上学，但我希望他至少对学习德语不那么排斥。于是，我邀请了一名大学生来教他德语。

然而，让我最为关注的是，尝试帮助他重新找回自己的本性。因为他对动物有着浓厚的兴趣，我便前往动物园，询问他们是否有志愿者岗位。幸运的是，事情进展顺利。他当时已经年满 16 岁，超过了动物园规定的最低年龄限制。此外，他还拥有保险，这也符合岗位的要求。

如今，他每周通常会抽出两到三个下午去动物园，负责清理猴子的笼子。完成工作后，他便会静静地观察这些动物。显然，这份工作让他感到十分快乐。随着时间的推移，猴子们也逐渐熟悉了他，并主动与他互动玩耍。其中有一只猴子特别喜欢詹姆斯，对他表现出了明显的亲近，而詹姆斯也对这只猴子格外关注。

为了了解詹姆斯的学习情况，我翻阅了他的课本。这些课本破旧不堪，书页边缘布满了潦草的涂鸦，一看就是属于一个在学习时感到极度无聊的男孩的书。然而，我在课本最后一页的空白处发现了一幅小画，画的是被钉在十字架上的耶稣：画中是一个男性形象，但却缺少了男性生殖器。詹姆斯通过这幅画清晰地表达了自己内心的困境：他感觉自己如同被钉在十字架上一般，无法发展出自己的男性气质。

事实上，詹姆斯对母亲的依赖程度很深。他是母亲的掌中宝，对她无比忠诚，甚至将自己的全部情感都倾注在母亲身上，以至于他自己的个性和本能都无法得到充分发展。

詹姆斯向我讲述的一个梦境进一步印证了我的担忧：在他通往家的路上，两侧布满了鳄鱼。鳄鱼通常象征着威胁、攻击性甚至是吞噬性的一面。荣格在《转化的象征》（*Symbols of Transformation*）一书的第 299 页中提到，动物形态的象征总是与无意识的性欲有关，它们要么属于无意识的一般范畴，要么暗示了本能的压抑。他进一步指出："被压抑的本能是生命的本质基础，是生命的基本法则。由于本能的压抑所引发的退行行为，总是会回到心理的过去，尤其是童年阶段。而在这个阶段，父母往往是具有决定性影响的力量，至少在表面上是如此。"

这个男孩正处于被"鳄鱼"攻击和吞噬的危险之中。而要对抗这种威胁，他必须重新与自己的本能建立联结。我寄希望于他与动物之间的关系，尤其是与动物园里的那些猴子的友谊，能够帮助他触及那些深藏在无意识中的能量。只有真正了解这些能量，他才能驾驭它们！鳄鱼既能生活在水中，也能生活在陆地上，它象征着无意识与意识领域之间的联结。

这是詹姆斯第一次离开他那性格外向的母亲独自生活，此前他的一切都由母亲掌控，因此他很难找到自己的方向。然而，令人意外的是，他来到我们家后很快就适应了，并且努力尝试按照我们的生活方式去生活。我特别注重引导他相信自己的观察和判断，以此培养他的自我感知。他几乎每天都在大学生那里接受德语辅导，而这些课程也取得了显著的成效，他很快就能用德语进行简单的交流了。但他始终不愿意写字，也写不好，写字对他来说极为困难，字迹几乎无法辨认。起初，当他被要求写下自己的梦境或经历时，他显得非常不情愿。但随着时间的推移，他逐渐变得平静，并且开始对自己的母语产生了更多兴趣。

两个月后的一天，詹姆斯回到家对我说："我已经告诉动物园园长，我不再来动物园工作了。"他能独立做出这样的决定，让我颇感意外，但我依然选择尊重他。当我问他接下来想做什么时，他回答说："我想去上学。"这让我更加惊讶，但我们立刻开始讨论适合他的学校，因为他首先需要适应全德语的学习环境。仅仅几天后，他便以旁听生的身份进入了一所私立学校，同时更加努力地学习德语。就在那时，他创作了一幅沙盘作品，清晰地展现了他个人状态的意外转变。

在沙盘的左下角，他搭建了一个小村庄，一条宽阔的道路从村庄出发，斜贯整个画面，直通上方。一个小女孩正赶着鹅群回家，一位牧羊人则准备将小羊羔从围栏中牵入羊圈。归途中的羊群、一匹马和一头牛也正朝着村庄缓缓前行。作品中的氛围显然已是傍晚时分。在那条通往村庄的大路上，有一小队人马正在行进：一男一女，牵着一头驴（见图 6–2）。

图 6–2　詹姆斯创作的能清晰地展现了其个人状态的意外转变的沙盘作品

当我问詹姆斯这些人是否有什么特殊含义时，他回答说，那是玛利亚和约瑟夫，他们正赶往村庄，因为玛利亚即将分娩。这句话深深触动了我！难道詹姆斯这个看似一心只想逃离自我的男孩，已经在不知不觉中踏上了寻找自我的旅程？

沙盘中即将出生的孩子，是否象征着他即将迎来的全新生活？他是否正经历一场“新生”？此前，其实已经有不少迹象表明了这一点，比如他谈到动物园里的动物朋友时的语气和情感，还有他与我建立关系的方式。毫无疑问，詹姆斯正在接近一种无意识的自我中心化状态，这种状态通常出现在婴儿期。

尽管耶稣的诞生是一次独一无二的历史性事件，但它也具有原型的特征。正如荣格在《荣格文集》第 11 卷第 169 页中所述：“耶稣是上帝之子，是天主的圣言，是世界的审判者和救世主，是一个包罗万象的整体。他是牧羊人，是羊群的中心。他比自然人更完整、更完美，他超越了人类，人类与他的关系就如同孩子与成年人的关系，或者动物（羊）与人的关系。”

在这幅沙盘作品中，年轻的詹姆斯表达出了自己内心中对宗教信仰的态度。按照他的成长背景，这种信仰带有基督教的色彩，尽管此前他从未真正接受过系统的宗教教育。

詹姆斯正将自己托付给一个原型母亲形象——沙盘中即将分娩的圣母玛利亚。与此同时，牧羊人也在将小羊羔安置到安全的地方，以抵御即将到来的黑夜。

在那个即将迎来重大事件的前夜，傍晚的宁静氛围中，詹姆斯的内心展现出了一种极为重要的内倾性特质，仿佛他已经准备好去探索自己无意识的深层领域。

此时，詹姆斯被要求每天写点东西，无论是日记还是他喜欢的故事，以此来练习他本就薄弱的英语。

在他的故事中，他塑造了一个名叫托尔的角色。托尔离开了家人，只带着一把刀走进了森林。以下是我对这个故事主要内容的逐字翻译：

> 托尔停下脚步片刻，凝视着太阳从树梢上缓缓升起。他微微一笑，拿起手中的刀，缓缓走下山坡。当他走到山脚下时，他向左转，因为他更喜欢在树荫下行走，而不是在空旷的平原上——树荫能给他带来一种安全感。他加快了脚步，希望能尽快找到一条小溪，因为他感到口渴了。走了大约半英里[①]后，他突然停了下来。他改变方向，继续缓慢前行。然而，没走几米，他又停了下来。他微微皱起眉头，再次加快了脚步。就这样走了几百米后，他突然又停了下来。这一次，他十分确定：附近有人！空气中弥漫着他们的气息。为了安全起见，他迅速爬上一根低垂的树枝，然后继续往上攀爬。现在，他可以看到那些人正排成一列，缓慢地向前移动。他们经过托尔所在的树林，很快便消失在视野中。托尔确定他们已经离开后，立刻从树上跳了下来，朝着相反的方向飞奔而去。他一直跑，直到将那些人的气味和声音远远甩在身后。

① 1英里≈1.61千米。——译者注

他不断地改变方向，直到最后与那些人消失的方向平行。随后，他继续以同样的速度前行，直到接近中午时分，他来到了一条小河边。他只是短暂地停下，喝了几口水，便又继续踏上旅程。

在上午剩下的时间里，他一直保持着平静，只在一两次停下来喝水。到了正午，他感到饥肠辘辘，于是向左转，走进了一片开阔的空地。他站在齐腰深的草丛中，一边努力适应明亮的光线，一边四处寻找食物。过了一会儿，他发现了一只与羊群走散的羚羊，正在低头吃草。风向对他十分有利，羚羊正好在他的投掷范围内。当他走到羚羊身边时，它还有一口气，托尔迅速扭断了它的脖子。接着，他小心翼翼地割下一块肉，开始啃食起来。吃饱后，他躺在柔软的草地上准备小憩，但在睡着之前，他的思绪像往常一样飞回了家中。

20 天后，詹姆斯写道：

当睡意袭来时，托尔进入了梦乡：他沿着那条熟悉的小路走出山洞，看到妻子正坐在洞口，和他们 7 岁的儿子鲁克一起玩耍。当他爬上山顶，环顾四周时，眼前是一片生机勃勃的景象：树木郁郁葱葱，空气中弥漫着刚刚绽放的花朵的甜美香气。在山谷中，他看到体型庞大的动物在灌木丛中穿梭。这里是方圆 50 英里内最富饶的狩猎场，有羚羊、熊、长毛象，还有各种各样的鸟类。这里还有丰富的水果和清澈的水源。他转过身，呼唤着还未察觉到他的妻子和孩子。鲁克第一个跑过来，伸出小手紧紧抱住他，而他的妻子则带着一丝犹豫，含着眼泪向他问好。

即使在醒来时，托尔仍能感受到妻子和孩子因他的归来而流露出的喜悦，他带着一丝不舍起身，继续踏上了旅程。

14天后，詹姆斯写道：

那天下午，托尔的工作进展还算顺利。夜幕降临之际，他开始寻找一棵可以过夜的树。经过一番搜寻，他发现了一棵古老而坚固的树，便决定在此栖身。他尽可能地爬到高处，然后躺在一根粗壮的树枝上。在等待入睡时，他努力分辨着夜晚的各种声音：翼龙在空中盘旋觅食时发出的尖锐而响亮的叫声；霸王龙在附近休息时发出的低沉呼噜声；还有那些小动物们在黑暗中穿梭时发出的嘈杂声，它们似乎永远都在寻找食物。

他回想起自己在过去几周里一直在寻找那匹名叫凯兹的马。两周前，他在山洞附近看到过它，从那以后，他便一直试图追踪它的踪迹。然而，当他翻过山脉时，那匹马的踪迹却消失了。无奈之下，他只能返回家中，他的妻子和孩子正在那里耐心地等待着他。

很快，他的思绪变得混乱不堪，随后便渐渐进入了梦乡。

7 天后，詹姆斯写道：

清晨醒来后，他从树上爬下来，站在阳光下，倾听着栖息在树梢上的鸟儿的歌声。清晨的声音与夜晚的声音截然不同！清晨充满了对新一天的希望与活力，而夜晚则充满了挣扎与劳碌。他被清晨的生机所感染，真想大声向世界宣告自己的感受。然而，他并没有这么做，而是奔跑在灌木丛中，也不知自己要去往何方。他意外地来到了一个小湖边，毫不犹豫地跳了进去。他在清凉的湖水中畅游一番，然后坐在岸边晒干身体。不久，他看到一个巨大的脑袋从水中浮出，后面拖着一条蛇形的脖子，那脑袋贪婪地呼吸了几口空气，随后发出一声巨响，重新沉入水中。休息片刻后，托尔起身继续寻找食物。他慢慢地靠近水边，心中有些忐忑。他弯腰凝视水面许久，直到发现了一条他想要的鱼。他以惊人的速度扑向那条鱼，但鱼却更快，瞬间消失在水中。他又试了三次，但都徒劳无功。第四次，他终于成功地抓到了一条大鱼，并迅速将它砸在树上。接着，他把鱼放在石头上摩擦，去掉鳞片，然后将鱼肉从骨头上剥离下来，不慌不忙地三口两口吃掉了。之后，他漱了漱口，拿起刀继续前行。清晨的景色美不胜收！当他穿梭于树干之间时，感觉自己仿佛置身于一个巨人的世界。大树的树冠被薄雾笼罩，低处的树枝则被厚厚的青苔覆盖。他觉得自己就像一个小矮人，行走在巨人般的大树之间。

当托尔在森林中穿行时，许多动物在他周围活动。一只巨大的剑龙正在啃食青草。不远处，一只狍子出现了，很快就被一只类似狼的动物追赶。一只翼龙从他头顶飞过，搜寻着更小的猎物。一只老虎站在高高的岩石上，向世界发出震耳欲聋的咆哮。他听到远处传来一只小动物临死前的哀嚎，显然它已经落入了一只更大动物的利齿之中。

托尔并没有刻意去留意周围的一切，但这些场景却悄然渗入了他的无意识。当他听到大型动物的动静时，他会立刻根据声音的来源改变方向。然而，并不是每次他都能做出正确的判断。有一次，当他漫步穿过灌木丛时，突然与一只霸王龙正面相遇，幸好他没有被它咬到。

当他继续前行时，他的思绪再次被捕捉那匹马的可能性所吸引。他知道，如果再次遇到它，这将是最后的机会。一旦他错过或伤害了它，他将永远失去它。突然，他的思绪戛然而止。他不知道为什么，但直觉告诉他有些不对劲。他停了下来。就在前方不远处，他的马站在那里，在晨光中闪耀着洁白的光芒。它距离他大约20英尺[①]，但托尔确信它还没有察觉到他的存在。他小心翼翼地靠近，尽量不发出任何声响。

当距离缩短到 10 英尺时，托尔迅速思索着一个捕捉它的

① 1 英尺 ≈ 0.305 米。——译者注

计划。他最想做的，是将它引入一个围栏，但时间已经来不及了。他陷入了短暂的迷茫，不知该如何是好。这时，他回想起前几天的旅程，脑海中浮现出一个小山谷，或许可以作为临时的围栏。但如何将马引到那里呢？如果他站在马的后面，让它闻到他的气味，可能会吓到它，甚至让它朝着他想要的方向奔跑。然而，托尔并不希望惊吓它，否则它可能会再次逃回山里。

于是，他像影子一样在马的身后缓缓移动，小心翼翼地避开每一棵可能发出声响的树枝。经过一段时间的努力，他终于悄无声息地来到了马的正后方。他继续小心翼翼地靠近马，但马似乎并未察觉。起初，马仍在低头吃草，但随着托尔的靠近，它停止了进食。当托尔继续靠近时，马开始向前移动。就这样，他跟随着马，一路追踪了三个小时。终于，他发现了通往山谷的入口，但他担心马不会进去。然而，当他靠近时，马似乎并没有察觉到任何异常，它毫不犹豫地踏上了通往山谷的崎岖小路。马一进入山谷，托尔迅速用树枝和树杈堵住了入口。这匹马终于属于他了！

现在，托尔面临着一个新的挑战——驯服这匹马。他知道，马被引入陷阱后，一定会对他心存戒备，毕竟他剥夺了它的自由。为了驯服它，他必须先赢得它的信任。于是，他每天早上都给马带来一些小零食，希望借此唤起它的信任。

起初，凯兹总是惊恐地跑到山谷的另一端，但随着时间的推移，托尔终于可以在它吃东西的时候轻轻抚摸它的皮毛了。几天后，当托尔吹响口哨时，凯兹会飞奔而来。

许多天过去了，托尔才鼓起勇气迈出下一步。他决定进入山谷。一天清晨，他从入口处的树枝下爬了进去，站在马的旁边。凯兹停顿了一下，打量着这位新朋友，然后慢悠悠地走到山谷的另一边。托尔慢慢地靠近它，手里拿着一颗大果实，轻声对它说话。凯兹似乎犹豫不决，不知道是该留下还是离开。最终，它决定留下来，让托尔抚摸它的脖子。从那以后，托尔每天都进入山谷，但他从未试图骑上马背，因为他不想失去好不容易建立起来的信任。

几周后，托尔知道，他迟早要尝试骑上这匹马。在一个春光明媚的早晨，他比往常更早地来到凯兹身边。他一靠近，就感觉到马似乎察觉到了空气中不同寻常的气息。托尔轻声对它说话，同时缓缓地尝试骑上去。他小心翼翼地坐了上去，凯兹一动不动，似乎并不在意背上的重量。然而，就在他刚刚坐稳的瞬间，凯兹突然扬起前蹄，将他甩了下来。托尔重重地摔在地上，但他没有放弃。他慢慢地站起来，走向已经跑到围栏另一端的凯兹，再次轻声对它说话，然后再次尝试骑上去。一次又一次，他被甩了下来，但他从未放弃。终于，在无数次的尝试后，凯兹不再反抗，托尔成功地骑着它在围栏里转了一圈，而没有被甩下来。这匹马被驯服了！托尔跳下马背，打开围栏的门，让凯兹自由地走出去。当他吹响口哨时，凯兹又回到了他的身边。

这一刻，标志着一段漫长而真挚的友谊的开始，这种友谊将在未来几个世纪里持续下去，成为人与动物之间最美好的见证。

在托尔的故事中，詹姆斯细腻地描绘了他内心深处的探索之旅。他离开了喧嚣的外部世界，踏入了草原与原始森林，也就是他无意识的最深层领域。他生动地描述了自己如何避开人群，因为他渴望也必须独自面对自己。长期以来，他一直专注于外界，却未曾察觉自己内心深处潜藏着的能量。

他逐步描述了自己如何接近由丛林和草原动物所象征的动物性本能。起初，他总是避开它们，但后来在饥饿的驱使下，他不得不与它们接触。他捕获了一只羚羊，吃掉了足够多的肉，直到他的饥饿得到满足。羚羊是一种胆小而灵动的动物，总是躲避着食肉动物，在神话中常常象征着灵魂。这一细节清楚地表明，詹姆斯在强大的攻击性冲动面前感到了威胁。

通过吃掉羚羊，詹姆斯将自己受到威胁的自然本性整合到了自己的身体中，使自己能够保持警惕，避免落入捕食者的口中。在树上睡了一夜好觉之后，他恢复了体力，第二天来到了一个小湖边，费了好大一番功夫才抓到一条鱼。

为了抵御之前环境中那些不利的、吞噬性的影响，他必须从无意识（象征着水）中捞出自己内心深处隐藏的东西。他在描绘耶稣基督即将诞生的沙盘作品中，已经暗示了自己的重生。荣格在《转化的象征》第 330 页中提到：“生活在水中的鱼，在梦中有时象征未出生的孩子，因为孩子在出生前就像鱼一样生活在水中。”

托尔抓到并吃掉的那条鱼，对詹姆斯的成长具有深远的意义。这条鱼是从无意识的深处被捞出来的，它所代表的内容也让詹姆斯自身变得更加充实。

鱼会产出大量的卵，因此它象征着生育能力。我们是否可以认为，詹姆斯的内心也蕴藏着丰富的未知资源呢？更重要的是，鱼是耶稣基督的象征。希腊语中，耶稣常常被称作“鱼”，其字母代表“耶稣基督，上帝之子，救世主”。荣格曾指出，鱼的象征意义在于它联结了耶稣基督的历史形象和人类精神本质之间的桥梁，而救世主的原型正存在于其中。

詹姆斯一直在无意识地寻找一种解脱，一种能够帮助他逃离当前状态的拯救者，而这个拯救者似乎正在他无意识的深处显现出来。不仅如此，他的“原我”似乎也开始在他的童年早期阶段显现。

当他抓到鱼，并像举行某种仪式一样吃掉它之后，他发现周围的大自然是如此奇妙，高大的树木让人类显得如此渺小。这让我想起了日本铃木大拙禅师的一句话，他曾对我说：“西方人总是想要征服自然，而东方人则感觉自己是自然中一个极其微小的部分。”

直到这一刻，詹姆斯才真正地与大地紧密相连。动物们在灌木丛中悄然穿行，而他在大自然中享受着这个美好的清晨时，突然想起了他要捕捉的那匹马。

没过多久，他就发现了它——马在晨曦中闪耀着洁白的光芒。

詹姆斯通过回归自己的天性所获得的自信，让他能够以足够的细心和耐心去捕捉这匹马，并驯服它。他的话语“这是动物与人类之间一段长久而真挚的友谊的开始”深深打动了我，他成功地进入了自己本能的领域，这无异于一次重生。

詹姆斯意识到，他的意识曾经被随意的、武断的观点所左右，是完全片面的，而这些观点曾将他引入歧途。只有在自己本能的根基上，他才能真正发展出自己的个性。

当时，他还向我讲述了一个梦：

> 不知怎么的，我和父母一起寻找复活节彩蛋。奇怪的是，我们没有找到彩蛋，而是发现了礼物。与往常不同，我对姐姐表现得非常友好。她得到了一匹马和一辆马车，她想乘着马车四处兜风；我问她是否可以让我来驾驭马车，她同意了。

于是，我驾着马车载着姐姐四处转悠。

在复活节的传统习俗中，赠送复活节彩蛋是核心，它象征着生育力。毫无疑问，詹姆斯正迈向一个更具创造力的时期。

在梦中，虽然父母在场，但他们并没有参与后续的行动。詹姆斯独自驾驭着载着姐姐的马车。在我看来，姐姐坐在马车上的画面表明，代表着母亲的“阿尼玛”[①]意象已经退居幕后，而代表着姐姐的更年轻的“阿尼玛”意象则变得越来越重要。姐姐成为了新的生命源泉。荣格在《心理学与炼金术》第 109 页注释 4 中谈到这一过程时说：“这实际上是一个正常的生命过程，但它通常在完全无意识的情况下发生。‘阿尼玛’是一个始终存在的原型。母亲是阿尼玛意象的第一个载体，她对儿子来说具有迷人的意义。随后，这一意象会通过姐妹和其他类似的女性形象，最终转化为心爱的女性。”

詹姆斯的转变在日常生活中也非常明显。他表达了想要以正式学生的身份、而不是以旁听生的身份去上学的愿望。为了实现这一目标，我们再次为他转学，让他有了一个全新的开始，也让这一切变得更有意义。我们为詹姆斯选择了适合他的科目，希望他能在可预见的未来通过大学入学考试。

① “阿尼玛”一词在哲学中的意思是“灵魂”。——译者注

尽管德语仍然是他的障碍，但他以极大的热情投入学习，并认真完成大量作业。虽然他大部分时间都待在家里，只允许自己每周外出一次，但他很快找到了一个女朋友，他的生活变得更加丰富多彩。

有一天，他突然问我："卡尔夫夫人，您相信上帝吗？"我告诉他，我不仅相信，我还经历过上帝的存在。这开启了我们关于宗教和哲学的深入对话。

当我们认真研究青少年时会发现，在青春期，伴随着身体发育的还有精神的升华。在许多原始文化中，从一个生命阶段过渡到另一个阶段，尤其是从童年到成年，会有大量的仪式来庆祝。如今，这些仪式大多已经消失，或者失去了它们的深层意义。因此，在治疗中，尤其是在青少年的治疗中，探讨精神层面的问题显得尤为重要。只有与内在的神性原型建立联系，青少年才能真正完成向成年的转变。而这种转变只有在人们能够自然地进入自己的本能领域时才会发生。

大约三个月后，詹姆斯创作的另一幅沙盘作品再次证实了我的想法。他再次塑造了一片风景。

在沙盘的左侧是一个围栏，里面有两匹马，一匹深色，一匹浅色，它们正朝着敞开的大门走去。一位牧羊人正赶着他的羊群。而在沙盘的右侧，池塘中有两只天鹅在游动（见图 6–3）。

图 6–3　詹姆斯创作的体现出一种明显的内倾性的沙盘作品

无论是马、牧羊人还是羊群，都在向左移动，象征着无意识的方向。沙盘中体现出一种明显的内倾性，正如詹姆斯在故事中所描绘的那样，而这种内倾性如今已经开始显现其效果。与他创作的第一幅沙盘作品（见图 6–1）不同，沙盘中的马不再被围栏困住，它们正准备离开围栏，与外界建立联系。这表明詹姆斯已经接近了他的本能领域，并开始以一种由天性决定的方式与外部世界接触。

牧羊人可能象征着耶稣基督——这位好牧人与他的羊群。

在第一幅沙盘作品中，两只乌鸦栖息在枯树上。在当时的情境下，乌鸦很容易被看作不吉利的鸟，人们往往只看到它们消极的一面。而詹姆斯自己也像一只不吉利的鸟，他用外向的行为掩盖了内心的忧郁情绪。

然而，乌鸦通常也是隐士的朋友，它们是神的使者，为独居者提供帮助。在《圣经》（诗篇 147:9；约伯记 38:41）中，乌鸦被描绘成一种神鸟，它们会在困境中呼唤上帝，而上帝也会回应它们的请求。

因此，詹姆斯在第一幅沙盘作品中无意识地展示了治疗的方向。在他的家乡，有一个印第安部落，乌鸦象征着光明的使者。光明往往在最黑暗的地方最为耀眼。因此，詹姆斯必须先离开他过于理性的意识领域，才能在内心深处找到光芒，照亮他的创造力。

现在出现在他沙盘中的天鹅，宣告了光明的降临。荣格在《转化的象征》一书的第 607 页提到，“天鹅”一词与“太阳”和“声音”有着相同的词根，象征着重生与新生命的开始。作为太阳之鸟，天鹅既体现了光明与明亮，也预示着意识的扩展和内在可能性的实现。

与此同时，天鹅还象征着另一个完全不同的方面：它能预示未来。当我们有一种不祥的预感时，我们会说：“我预感到有不祥之事。”然而，我们无法预知这两种象征意义中哪一种更为重要。

詹姆斯满怀信心地为考试做准备，有一天他报名参加考试，但并不是为了通过，而是“去看看”，用他的话说，“考试到底有多难”。过了一段时间，他收到了通过考试的消息！他的喜悦溢于言表，大学生活终于向他敞开了大门！

然而，一个新的问题出现了。他在我们这里生活了两年多，已经完全适应了我们的生活方式。那么，他现在回到家乡会有什么感受呢？他考虑乘坐一艘货轮返回美国，这艘货轮将在海上航行数周，这样他就有足够的时间为未来以及即将面临的截然不同的生活做好准备。

可是，他的父母想要庆祝儿子的成就，因此做出了不同的决定。他们寄来了一张机票，希望詹姆斯能尽快回家！一想到要如此迅速地从一个世界过渡到另一个世界，詹姆斯的内心充满了恐慌，这并不令人意外。

他梦见：“我在家乡的一座大房子里，那里似乎发生了一场火灾。上帝在那里，但不知为何他无法提供帮助。于是人们开始召唤‘月中人’。我看到他从遥远的外太空赶来。他和上帝走进一个房间，开始商议对策。接下来发生的事情就不清楚了。”

梦中的火灾象征着詹姆斯内心深处的情感。上帝独自无法提供帮助，那么“月中人”是谁，他又是如何来援助上帝的呢？

关于月亮上的“面孔”，在传说和神话中有无数个版本。在一些童话中，人们被罚送到月亮上。然而，在德国北部有一个传说，当提到需要灭火的故事时，我会首先想到它：相传有一个巨人，在退潮时弯腰，用海水浇灌大地。与白天炽热的光球不同，月亮在几乎所有民族的神话中都通过其对海洋潮汐的影响，象征着水的自然属性。

在中国的一个童话中，月亮上的人坐在一棵盛开的、芬芳的桂树上。桂树的甜果实在非洲被称为“吗哪”[①]，那是上帝在沙漠中赐给以色列人的食物。据说它在夜晚与露水一起从天而降，因此常被称为天赐的面包或月亮的食物。在《圣经》中，吗哪被比作露水，而露水又是祈祷的象征。《启示录》2:17 中提到：“得胜的，我必将上帝乐园中生命树的果子赐给他吃。”

这个梦再次清楚地表明，意识与无意识的相遇对詹姆斯来说是多么重要。从理性的角度来看，这种相遇是不可能的。然而，詹姆斯通过象征基督诞生的体验，经历了自我——我假设自我在他幼年时期尚未显现——从而获得了一种财富。他不仅获得了学习的能力，还发展了一部分男性气质，使他能够适应集体生活。

然而，最重要的是，他的灵魂已经接近了上帝，他可以在祈

① 指基督教《圣经》中记载的以色列人经过旷野时获得的神赐食物。——译者注

祷中向他寻求帮助。这一点已经成为他日常生活的一部分。

我们希望这段经历能够帮助年轻的詹姆斯更好地应对生活所带来的挑战。

07

语言障碍男孩的心灵重生之旅

戴德五岁半时被送到我这里。在随后两年半的治疗过程中，发生的事情复杂程度堪比他的身世，足以超出本书的范围。因此，我在这里仅选取了几个对他的成长具有决定性意义的时刻。

据他的父母说，戴德的身上流淌着来自高加索、库尔德、土耳其、克里特岛、拜占庭和瑞士的血统。因此，诸如古老的民间文化、伊斯兰教、旧基督教与新基督教等种族、文化和宗教在他身上充满了矛盾。在他母亲家族中，有两位女性祖先在幼年时被人从游牧帐篷中掳走，随后在富裕的土耳其家庭中长大。尽管这些在草原上游牧的部落与信仰基督教的“邻居”们长期不和，但他们的战争行为却恰恰源自部落人民对家庭的高度忠诚。

我在这里先提及这些细节，是因为戴德一见到我，就给我留下了不同寻常的印象。他靠在母亲身边，用一双倔强而真诚的眼睛看着我。

他的词汇量极为有限，仅有几个单词，这与他的年龄极不相符。除此之外，他还表现出一些令人不安的症状。他要求母亲时刻陪伴在他身边，在街上总是躲进母亲的大衣里，夜里睡觉时还坚持要戴帽子。他对蓝色有着特别的偏爱，拒绝穿其他颜色的毛衣。如果有人试图违背他的意愿，他会变得异常固执。对他来说，劝说他进入浴缸洗澡几乎是不可能的。他热爱音乐，也喜欢在大张的包装纸上画画。

他的生长发育似乎出现了问题。

戴德曾在一岁九个月大时因急性葡萄球菌中毒住院，他的儿科医生向我详细描述了他在住院期间的表现。这位经验丰富的医生告诉我，当时他的肌肉极度紧张，以至于在注射时针头都折断了。戴德在生命危险中度过了三天，之后恢复得相对较快。然而，生病之后，他既无法走路，也不会说话了。尽管他此前看起来是个健康的孩子，但他不得不重新学习如何走路和说话。如今，他在行走方面已没有任何困难，但他的语言能力却远远落后于正常水平。

目前，一份精神科的鉴定报告让他在入学资格上遇到了困难，这也是他父母联系我的主要原因。

在第一次见面时，我带着他和比他大四岁的哥哥一起在花园里玩绳索游戏，这样我可以先观察一下这个孩子。在游戏过程中，他仅靠手势和只言片语来指挥游戏的进程，他的哥哥话也很少。

当戴德第一次独自来找我时，他就径直走向了我的唱片机，并示意我他想听音乐。他坐在一把矮椅子上，全神贯注地聆听。过了一会儿，他示意我坐在他身边。我们一起聆听莫扎特的音乐。当唱片播放结束时，他满意地说："绿色。"接着我们听的是巴托克的音乐，他将其称为"黄色"。我意识到，他所说的这些颜色与唱片中间的彩色标签相对应。然后，他要求听"蓝色"，那是巴赫的音乐。我可以感受到他在聆听时的专注，并且他似乎已经将这些颜色（绿色、蓝色或黄色）与特定的作曲家联系起来。在接下来的几次会面中，我们都在聆听这三位作曲家的作品。我感觉通过音乐，他似乎与我建立了一种特殊的联系，但就治疗而言，我必须采取其他手段。于是，我坐到钢琴前，弹唱了一首儿歌。他把椅子移到离我很近的地方，非常认真地聆听。我确信，他没有忽略任何一个音符。他一动不动地坐在椅子上，但如果我想翻到下一页弹一首新歌，他一定会阻止我。他似乎特别喜欢那首关于月亮的歌，以及乐谱旁的那幅画——星星和月亮挂在天空中。我将这首歌唱了两三遍，他也不想听其他的歌。于是，他合上了歌曲本，我们随后一起走向楼下的游戏室。

当我们路过一个滴答作响的电子计时器时，他愣了一下，然后抓住了我的手。我感受到了他的不安和恐惧，便轻声安慰他不用害怕。到达游戏室后，他立刻跑到了沙盘旁边。他先堆起了一座小山，然后用小手从各个方向在小山底部挖洞，直到小山中间出现了一条隧道和一个洞穴。他脸上的表情告诉我，他的全部注意力都集中在了这个洞穴上。紧接着，他发现了一根蜡烛，把它放进了洞穴里，并请求我点燃它。他似乎对这个作品感到非常满意。

在接下来的几个小时里，我们一会儿坐在钢琴前，一会儿坐在沙盘边。他似乎对沙盘很感兴趣，但我感觉真正吸引他的是洞穴里的灯光。他会迅速地用沙子堆成自己想要的形状，然后迅速把手上的沙粒搓掉。触摸沙子似乎让他感到有些不适。

又过了几个小时，戴德原本一直严肃的面部表情逐渐明朗起来。很显然，他开始享受来到我这里的过程。当他完成治疗被接走时，他希望房屋的大门一直开着，直到他的背影完全消失。他需要确信，我家的大门始终为他敞开。

在我弹钢琴时，他想要坐在我的怀里，这表明我们之间逐渐建立起了亲密感。我不得不一遍又一遍地弹唱那两首与月亮有关的儿歌，因为他在我的歌曲本中又发现了一首类似的歌曲。如果我在唱歌时跳过任何一个歌词小节，他一定会立刻提醒我！很显然，他在很短的时间内就已经全部记住了。

有一天，他发现了纸和彩色铅笔。他用异常坚定而自信的笔触画了一个大正方形，并称之为我的房子。随后，他把纸和笔递给我，示意我也画出我的房子。当我画到门的时候，他坚持要我把门画成打开的状态，还要求我在门边加上一个老式门铃。这些细节似乎给了他一种安全感，让他确信自己随时可以回到这里。他开始觉得自己被理解了。他无数次地想听那两首歌：《善良的月亮，你走得如此安静》和《你知道有多少星星在闪烁》，而每次聆听时，他都一动不动地坐着。

我注意到，这个男孩有着极其敏锐的听力。他对任何声音都极为敏感。有一天，他在我这里时，正好赶上教堂敲响 11 点的钟声。他变得焦躁不安，坚持要打开窗户去听钟声。于是，我画了一座教堂，指给他看钟楼里悬挂的钟的位置。他也开始继续作画，在我房子的门外画了一个圆形作为时钟的表盘，并尝试在表盘上方画一个钟。所有这些动作都在几秒钟内完成，他的笔触透露出惊人的活力和自信。他的所有行为似乎都受到内心深处某种强烈需求的驱使，这种需求不容许有任何替代方案。实际上，他的无意识正在操纵这一切，而问题的本质仍然隐藏在黑暗之中。然而，他内心深处的某种力量正催促着他走向光明。这也许就是为什么与月亮和星星相关的儿歌——它们照亮了夜空——以及沙洞里的蜡烛对他如此重要的原因。他对其他事物毫无兴趣。例如，在这种情况下，哪怕他因为松开的鞋带而绊倒，试图教他系鞋带也是徒劳的。

两个月转瞬即逝，圣诞节即将到来。我指着歌曲本上的一幅插图，吸引了戴德的注意，那是《平安夜，圣善夜》的配图。画中展现的是圣诞夜中灯火通明的教堂和房屋，以及在白雪皑皑的道路上提着灯笼行走的人们。我一边弹唱着圣诞歌曲，一边为他讲述耶稣诞生的故事，戴德听得十分专注。他回忆起了圣诞树上闪烁的彩灯。这一次，他在沙盘中堆起小山后，并没有继续挖山洞，而是在山顶搭建了一座教堂和一栋小房子（见图 7–1）。

图 7–1　戴德创作的搭建了一座教堂和一栋小房子的沙盘作品

为了让这个场景更加逼真，我们用那种常用于娃娃屋的电灯为教堂和房子提供了照明。我们还仔细检查了教堂的钟楼，看看里面是否有钟。尽管钟楼里没有钟，但戴德似乎对此感到满意。

然而，每当他中午前来接受治疗时，总会打开窗户，聆听远处教堂的钟声。既然他如此喜爱钟声，那么为什么他对“我们的”教堂里没有钟会感到满意呢?

他的词汇量依然极为有限，直到后来我才知道，他害怕钟会掉下来。我不得不反复向他保证，钟楼里有一个隔板将钟与塔楼的其他部分隔开。钟声，作为一种在天地之间回荡的声音，是创造力的象征。因此，男孩对钟可能掉落的担忧，或许可以理解为他害怕自己尚未准备好面对的创造力会将他湮灭。而“隔板”则为他提供了一种天然的保护。

对于治疗师而言，这也是一种提醒：需要仔细观察男孩的创造性表达，并为其提供正确的引导方向。

如今，戴德的喜好不再局限于那些与月亮相关的歌曲，他还对那些配有平安夜美丽画面的圣诞歌曲表现出浓厚的兴趣。同样，在他的沙盘作品中，小房子和教堂也频繁出现。有时，他会用几栋小房子组成一个村庄；有时，小房子则独自矗立在山顶的教堂旁。有趣的是，他有时会说那座小房子是我的房子，有时又称之为耶稣圣婴的房子。

在治疗过程中，戴德与我通过移情建立了一种类似母婴单元形式的联结，而如今他似乎正在逐渐做好从这种关系中剥离出来的准备。戴德感到自己被完全接纳和理解，他的原我也得到了妥善的呵护。可以说，他仿佛被安放在“教堂旁边我的房子里”，得到了精心的庇护。

他现在有时会把那座小房子称作婴儿耶稣的居所，这一变化表明，我们所期待的“圣婴诞生”正在发生。正如我在前言中所描述的那样，这是男孩原我的显现。

除了耶稣圣婴，戴德的兴趣开始扩展到其他事物。由于歌曲本中描绘的耶稣诞生场景总是与灯火通明的教堂紧密相连，他对教堂的兴趣愈发浓厚。他曾经把画中的我的房子画成了一座教堂，还兴致勃勃地和我一起翻阅着一本关于教堂和大教堂的画册。令人惊讶的是，他总能准确无误地记起我提到过的教堂名字，甚至还能记住它们的细节，比如他能通过玫瑰花窗来辨认出某座教堂。他反复翻看那本《教堂之书》，最终开始自己画教堂（见图 7–2 和图 7–3）。这些并非他凭空想象的建筑，而是他在旅行中看到的，或者在书本中见过的教堂。他用此前画正方形时的那种自信笔触，绘制出了这些教堂和大教堂。那些他无法用语言表达的内容，似乎在他的绘画中得到了更好的呈现。在这里，人们也能感受到一种内在的驱动力在起作用，它在寻找一种表达方式，以传达内心的想法。有时，这种驱动力如此强大，以至于完全主导了男孩的行为，这或许也是他的沙盘作品中没有出现任何人物形象的原因。真正吸引他的是某种完全不同的东西。

图 7–2　戴德有关教堂的绘画作品一

图 7–3　戴德有关教堂的绘画作品二

是否有一种基督教意识正试图在戴德身上显现？这种意识或许已在他的祖先体内沉睡了数代，与其他宗教传统并存。他似乎被教堂建筑深深吸引，也对歌曲书中描绘伯利恒马槽和耶稣诞生场景的插图表现出浓厚的兴趣。他在绘制自己心中的教堂时，同样表现出了极高的专注力。

圣诞节过后，又一个月悄然流逝。在沙盘游戏中，他一次又一次地放置那座小房子和教堂，它们通常都坐落在一个小山丘上。随着时间推移，他又陆续添加了更多的房子，以及第二座教堂。尽管沙盘中依然没有人物形象，但在其中一幅作品中，村庄的广场上有两匹白马正在活动。正如我们所见，白马的出现常常与某种宗教体验有关。而沙盘作品中的两匹白马或许正预示着这种意识的显现即将发生。

没过多久，戴德就在沙盘中的小山上搭建了一座漂亮的小村庄。场景设定在冬季，小木屋被厚厚的积雪覆盖，周围环绕着被白雪覆盖的杉树。教堂就坐落在小木屋的正后方（见图 7–4）。戴德说，国王和王后乘坐的婚礼马车由一匹白马和一匹黑马拉着，正缓缓驶上山坡。两名仆人走在马车前面，而一只体型较大的狐狸似乎正在为婚礼队伍引路。

在治疗过程中，我们成功地建立了一种类似母婴单元的关系。正如我们之前所看到的，我的房子有时被当作耶稣圣婴的房子，这已经暗示了一种分离的迹象。耶稣作为完美的人所象征的自我意识，开始从母婴单元的状态中分离出来。在戴德的这幅沙盘作品中，他的原我被呈现为对立面的结合：举行婚礼的国王和王后，以及一匹白马和一匹黑马并驾齐驱。在童话故事中，狐狸通常出现在主角需要意识到某些事情的时刻。同样，在圣埃克苏佩里的作品《小王子》中，狐狸也在教导小王子那些他尚未知晓的道理。

图 7–4 戴德在沙盘中的小山上搭建了一座漂亮的小村庄

现在一切都清晰了：男孩在聆听圣诞歌曲和钟声时表现出的专注，以及他在绘制教堂时的投入，都是他实现必要突破的结果。

一个带有基督教传统烙印的原我，此前一直在他内心沉睡，如今正在显现出来。那只狡猾的狐狸（也就是男孩的本能）正在帮助他完成这一过程。

不久之后，“冰雪”终于消融，戴德开始像正常孩子一样说话了，他仿佛获得了新生。

如今，他又在歌曲本里发现了其他歌曲。他特别喜欢听《五月让万物焕然一新》和《亲爱的五月，让树木再次变绿》，还会仔细端详歌曲旁边的插图——图中描绘着孩子们正在嬉戏玩耍。然而，他在听这些歌时，却没有像之前听月亮之歌时那般专注。他花了很长时间凝视一幅插图，画中展现了教徒们在阳光明媚的田野上，缓缓走向教堂的场景。这幅图引发了他的许多疑问，他好奇地追问：“人们为什么要在星期天去教堂？他们在教堂里做些什么？”我告诉他，他们在教堂里聆听牧师讲述关于上帝的故事，还会在管风琴的音乐声中祈祷和歌唱。

我们坐到钢琴前，我尝试即兴演奏出人们去做礼拜以及礼拜仪式中的音乐：钟声的悠扬、明亮与低沉的音调、牧师入场的庄严、歌声的悠扬以及管风琴的旋律。戴德被深深吸引，他渴望一次又一次地聆听这样的即兴演奏，直到最终，他用自己稚嫩的小手尝试去模仿。他那略显笨拙的小手指努力地在琴键上摸索，试图找到正确的音符，这场景令人惊叹不已。而他竟然做到了！我不禁开始怀疑，他是否拥有绝对的音感。他弹奏时的专注程度，就如同过去聆听歌曲时一样，他的小手指一刻不停地在琴键上跳跃，直到找到正确的音符顺序。

他还想听关于上帝的故事。当他听到我说上帝会守护每一个人时，他听得格外认真。“那他一定住在最高的地方，”他插嘴道，“只有这样，他才能看到每一个人。”

现在，他在语言表达上已经没有任何困难，于是，上学的问题又被提上了日程。按照常理，他本该再过一年才入学。

在此之前，戴德几乎从未真正接触过外界，他一直生活在父母和比他年长几岁的哥哥的庇护之下。经过与他父母的商议，我们决定让他每周去私立幼儿园两到三次。这样，他可以结识与自己年龄相仿的孩子，并逐渐学会与他们相处。然而，这次尝试只取得了部分成功。戴德对像其他同龄孩子那样用双手制作小手工艺品似乎并不感兴趣。同时，他过于紧张的状态也让老师感到有些为难。尽管如此，他并没有排斥去幼儿园，还会和家人分享幼儿园里发生的事情。

与此同时，另一个问题开始困扰戴德。有一天，他在翻阅我们的歌曲集时，发现了一幅摇篮曲的插图。我为他弹唱了那首歌：“晚安，好好睡……”我不知道他是否真正听进去了，因为他的目光始终紧紧盯着插图中躺在摇篮里的孩子。此后，我不得不反复向他保证，那个孩子只是在晚上睡觉时才会躺在摇篮里。他还问我那个孩子有多大了。我并不清楚他提出这个问题的真正意图是什么，只能向他解释说，只有很小的孩子才会睡在摇篮里；等他们长大一些后，就会被放在小床上睡觉。他认真地听着我的回答，但我能看出，他似乎被一种恐惧感笼罩着。尽管我多次向他保证，他仍然显得很不安，好像担心那个孩子无法从摇篮里被抱出来。

于是，他不再画教堂，而是开始画摇篮。这时我才意识到，他正在重温幼年时期因重病而经历过的那种对死亡的恐惧。这也许正是他不愿意进入浴缸洗澡的原因——他在无意识里害怕自己无法再爬出来。一首名为《睡吧，心爱的孩子》的儿歌插图让他稍微感到安慰。插图中，一位母亲正怀抱着自己的孩子站在摇篮旁。

在接下来的几周里，戴德画了各种各样的摇篮。经过反复练习，他甚至学会了用透视法来表现摇篮（见图7–5）。

除此之外，他的整体发展还算不错。几个月后，一所公立幼儿园有了空位，他在那里遇到了一位聪慧的幼儿园老师。这位老师懂得如何引导他融入这个世界。尽管戴德常常独自坐在一旁画画，没有和其他孩子一起玩耍，但老师并没有干涉他。

图 7–5 戴德用透视法来表现摇篮的画作

在这个阶段，戴德对童话产生了浓厚的兴趣，尤其是《睡美人》的故事让他陷入了深深的思考。故事中，王子用一个吻唤醒了沉睡的睡美人，这一情节深深吸引了他。从象征意义上来说，这个童话为我们揭示了戴德内心的困境。一方面，它与从死亡边缘的沉睡中苏醒有关，戴德在幼年时期也曾经历过类似的生死考验，那种恐惧至今仍在他的心中挥之不去。然而，另一方面，从沉睡中醒来也象征着重生，象征着被唤醒并进入一个全新的生命阶段。戴德开始画玻璃棺中的睡美人和王子（见图 7–6），仿佛希望通过这种方式，逐渐找到解决旧问题的途径，从而开启新的生活。

图 7–6　戴德所绘的玻璃棺中的睡美人和王子

当戴德重新开始玩沙盘游戏时，重生的概念变得更加清晰。他在沙盘中造了一条宽阔的河流，许多人在河中游泳。他说，每个人都会完全潜入水中，然后再重新浮出水面。

后来，戴德通过沙盘游戏更加明确地表达了自己的想法：他呈现了一场洗礼仪式。他在沙盘中放置了一个小水盆，将一个小玩偶浸入水中，象征着洗礼的过程。周围的人和动物围成一圈，仿佛在见证这一神圣的时刻（见图 7–7）。

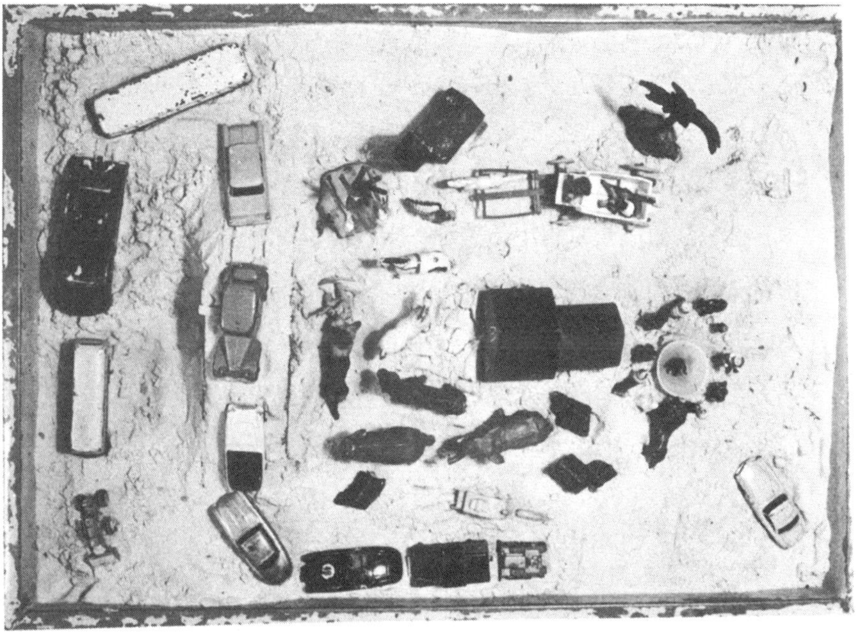

图 7–7 戴德创作的呈现一场洗礼仪式的沙盘作品

我们知道，耶稣受洗时也曾被完全浸入水中。在早期基督教中，洗礼是教徒加入教会的重要仪式，具有深远的意义。直到今天，教堂中的圣水仍被认为具有创造和转化的力量。从这些例子中，我们可以清楚地看到，这个“浸入水中”的时刻对戴德来说是多么重要。它不仅象征着新的开始，也象征着他逐渐获得与外界互动时的安全感。

戴德的身心发展非常顺利。他通过绘画和自己最近的钢琴演奏，充分展现了他丰富的想象力。令我十分惊讶的是，他坚持不懈地练习，直到能够凭借记忆在钢琴上弹奏出我唱给他听的歌曲为止。

最终，他顺利被学校录取，成为了一名一年级的小学生。

这是戴德成长过程中的关键一步，他在一定程度上实现了原始自然文化与基督教文化之间的平衡。然而，这并不意味着他的问题已经彻底解决。事实上，从他的绘画作品中可以明显看出这一点：在他的画中，清真寺与基督教教堂同时出现，这表明他内心的冲突和探索仍在继续。

08

玛丽娜：一个被领养的孩子的阅读困难

九岁的小女孩玛丽娜，有着一双棕色的眼睛，她蹦蹦跳跳地走进了我的游戏室。不过，我敏锐地察觉到她的心情有些复杂。她的妈妈告诉她可以来我这儿玩，可她心里一定在琢磨：到底会玩些什么呢？当她看到沙盘时，就自己把袖子撸到手肘那儿，迫不及待地开始用沙子堆各种造型。我告诉她我还有许多沙具，她可以在玩沙子的时候使用它们。于是她双手叉着腰，仔细地端详着摆满沙具的架子。

当她背对着我站在那里时，我开始仔细地打量眼前的小女孩。她有一头深色的直发，几乎垂到了肩膀上。身材纤细、还带着孩子气的她用右脚站立着，向前伸出的左脚绕着她的脚跟来回转动。她那略显黝黑的皮肤，让我想起了生活在南方的孩子。

“我能从这儿选我想要的东西吗？”她问道。“当然可以，就选你最喜欢和最想玩的。”我回答道。

她最喜欢的是一个小木屋，把它放在了沙盘的正中央。随后，她从各个角度仔细观察着小木屋，看起来对这样的摆放非常满意，接着她转身走回到沙具架前。玛丽娜在小木屋周围摆放了几棵树，它们像栅栏一样将属于小木屋的区域围了起来。在沙盘的最左侧，她竖起了一道半圆形的篱笆。这里成了白马的活动区，一位男子手握长鞭，正照看着这匹白马。在小木屋附近，牛、羊、鹅和其他家养动物正在吃草，一个女孩正准备给鸡和鹅喂食。所有这些沙具几乎都集中在沙盘的左边，而沙盘的右边则是空荡荡的（见图 8–1）。她用左手在沙盘中浅浅地划出了几道沟壑，然后将一位“播种者”放了过去，正如她所说，播种者会把种子撒到地里。

图 8–1　玛丽娜创作的沙具几乎都集中在沙盘左边的沙盘作品

这幅沙盘作品的含义可以结合玛丽娜此前的生活经历来解读。

玛丽娜在六周大时被养父母领养。她的养母一直渴望有个孩子。玛丽娜发育得很好，但她直到六岁还会尿床。此外，她时不时会对养父母表现出强烈的抵触情绪，她的身体会在出现这些情绪时变得很僵硬。四岁时，她告诉养父母自己想要一个妹妹，于是他们领养了第二个孩子。在此期间，他们从美国搬到了欧洲。由于他们打算几年后回美国，因此为玛丽娜选择了一所以英语为主要教学语言的学校。她在绘画和手工制作方面表现出色，但数学和阅读却是她的短板。她的阅读困难非常明显，以至于她在二年级时就开始上家教课，但并没有取得任何成效。这让她的养父非常不满，因为他原本把所有的希望都寄托在能拥有一个聪明的孩子上。

在我的诊所里，这个温暖的小木屋曾被一些孩子称作"梦中情屋"，而现在它孤零零地立在沙盘的正中央。这是否反映了玛丽娜对温暖家庭的渴望，还是对内心平静的向往？可能两者都有。沙盘中的白马也很重要，它的活动区与农场里其他动物的活动区不在一起，并且旁边还有一位手持长鞭的农夫。

在神话和民间传说中，马常常象征着无限的未来。它们通常被描述成目光敏锐、反应灵敏的动物，有时甚至会说话。作为一种动物，它代表了人类的一种本能层面，即完全无意识的层次。作为一种骑乘动物，它与母性相连，而人类骑马时感受到的胆怯和惊恐也与意识无法控制的本能世界相联系。

另一个具有象征意义的元素是白马在宗教中的寓意。在中国，白马寺因白马而得名；《约翰启示录》中也提及了白马；传说中，穆罕默德在升天时骑着一匹名为贝纳格的白马；在古代宗教中，白马常被视为太阳神的象征。因此，白马象征着人类本性中不可预测的部分，同时也代表着能够引领人们走向意识觉醒的元素。

在玛丽娜的沙盘作品中，白马位于左侧的边缘位置，这或许意味着在她的无意识中存在着一个受伤的女性或母性特质，而我希望能够捕捉到这一点。

沙盘中充满希望的象征是那位播种者，他正将象征着丰收的种子撒向广阔的田野。

在第二次治疗时，玛丽娜带来了一小束她在路上采摘的鲜花。当我向她表示感谢时，她说："我爱您，您也爱我，这不是很美好吗？"

"今天我想画画。"她请求道。我向她展示了各种颜料、铅笔、蜡笔和水彩。我惊讶地看着她用熟练的手法画出了一幅美丽的郁金香。随后，她把这幅画带回了家，想把它送给自己的母亲。

在第三次治疗中，玛丽娜再次来到沙盘前，创作了一幅新的作品（见图 8–2）。她首先在沙盘中划出了一条横贯整个沙盘的道路。接着，她精心挑选了一些房子的沙具，并把它们放在距离道路不远的地方。这些房子与我们所在地区的住宅别无二致。随后，她在房子前面划出了一条小河，并在河上架起了一座充满东方韵味的小桥。桥边矗立着一座宝塔，水面上漂浮着一艘帆船。在那些西式风格的房屋和树木之间，她还放置了其他一些带有东方元素的沙具，比如几座小寺庙和一座白塔。

图 8–2　玛丽娜在第三次治疗中创作的第二幅沙盘作品

接着，玛丽娜将一些大树全部摆放在沙盘的最左边。没过一会儿，她开始在横贯沙盘的道路上摆满了人物。她非常专注地挑选着带有东方元素的沙具，找出了所有她能找到的长着东方面孔的人物，直到这些沙具组成了一条从右向左移动的长队。走在队伍最前面的是一名手持灯笼的中国人，他已经消失在森林里了。

当我问玛丽娜他要去森林里做什么时，她回答说："他必须给黑暗的森林带来光明。""是的，你说得对。"我回答道。我深知，她的内心已经踏上了一条治愈之路，这让我深受感动。只有穿过黑暗，才能通往光明。在这里，玛丽娜的无意识自发地表达了一个永恒的真理。

由于计算和写作能力不足，她在班级中逐渐落后。她也常常感到，因为自己皮肤较黑，被同学们排斥在外。她的内心一定时常笼罩在黑暗与孤独之中。她在第一幅沙盘作品中已经用那匹孤独的白马象征性地表达了这种感受，尽管它只是一个动物，但却拥有通向光明的品质。

现在，我们需要进一步理解她内心深处的黑暗，以便找到解决办法，为玛丽娜指明一条走出孤独的道路。

第三幅沙盘作品呈现了更多相关内容。这次展示的是一个岛屿，玛丽娜将其命名为夏威夷（见图 8–3）。在小岛的左上方有一片小树林，树林前是一位夏威夷女舞者，她正随着一群围成半圆的乐手演奏的音乐翩翩起舞。沙盘稍靠下方是一个圆形的小池塘，池塘上横跨着一座中式桥梁，桥的另一端是一片只有一棵小树的土地。这片土地四周被水环绕，而右侧则是一片空旷的田野，可以将其视为大陆。

整幅沙盘作品让我联想到一张悲伤的面孔。眼睛本应代表着意识，而在这里，眼睛的位置却被那些充满异域风情的乐手和舞者所占据。他们身后的小树林看起来像一簇头发，而那个小小的圆形池塘和小桥，在我看来如同一张紧闭的嘴巴。

图 8–3 玛丽娜创作的岛屿的沙盘作品

小女孩的孤独在这幅作品中被淋漓尽致地展现了出来。她究竟想要通过它表达什么呢？她的嘴巴紧闭，是否意味着她渴望与那位舞者融为一体？她是否是一个来自遥远国度的孩子，抑或是她对周围环境感到格格不入？或许这两种可能性都存在。在夏威夷，东方人和西方人和平共处，而那些深藏于无意识中、难以言表的情感，却在这里找到了自己的声音。玛丽娜的内心世界通过外在的形象得以呈现。沙盘右侧的那片贫瘠土地，距离她的意识更近，或许正是她智力发展停滞的象征。这片土地上毫无绿意，毫无生机。然而，即便在这样的孤独中，或许正是因为知道自己是被收养的，玛丽娜竟然跳起了舞！我不由自主地想起波斯有一位诗人的一句诗："懂得圆舞曲力量的人，跟上帝同住。"舞蹈是人类最纯粹的自我表达方式。当人们在不自觉的动作中展现自我时，那才是上帝创造的真正的自己。

我紧紧地将小玛丽娜拥入怀中片刻，让她知道我已经理解了她的语言。这个小女孩以她独特的方式，完全接纳了自己。

从那以后，玛丽娜的表达方式变得更加丰富多样。她总是用黏土、颜料甚至珐琅，创作出一些小巧却富有艺术性和创造性的作品。有一天，她用黏土捏了一个小面具（见图 8–4）。我对她的

图 8–4　玛丽娜用黏土捏了一个小面具

表达能力感到惊叹不已，她的才华似乎远远超出了她的年龄。然而，一开始我并不知道该如何理解这个面具。面具上是一张漂亮且轮廓分明的脸，但表情却略显陌生。玛丽娜轻描淡写地说：“这没什么。”但我明白，她其实也很喜欢这个面具。

几周后，玛丽娜又创作了一幅沙盘作品（见图 8–5）。

图 8–5 玛丽娜创作的第四幅沙盘作品

在沙盘的中央，她堆起了一座小山丘，并在山顶放置了一座教堂，教堂正前方是一座中式拱门。教堂前的道路分岔而行：一条向左下方延伸，通往一座东方风格的小桥，桥上花木扶疏，桥下溪水潺潺，一位身材娇小的日本女性撑着阳伞，正站在桥上；另一条小路则通向相反的方向，经过一个大弯后，抵达一个几乎围成圆形的西式村庄。与第二幅沙盘作品（见图 8–2）中相似的队伍正朝着这个村庄走去。一辆人力车已经抵达村庄，车上坐着一位年轻女士，玛丽娜说她就是正在回家的公主。村庄的右前方是一个圆形的鱼塘。

在这幅沙盘作品中，带有东方风格入口的教堂象征着东方与西方的融合。当玛丽娜感受到我理解并接纳了她的秘密之后，她便能够毫无负担地重新深入自己的内心世界。她之所以显得如此轻松，是因为她将那位撑着阳伞的日本女性描绘得如此动人，仿佛置身于花木掩映的桥上。然而，这背后实际上涉及了在迈向新的发展阶段时必须做出的牺牲。沙盘作品中的东方元素代表着一种旧的情境，它将逐渐退居幕后，为新的局面让路。

现在，玛丽娜或许可以开始尝试去适应一种不同的、西方的环境了，这从行进的队伍中可以看出。与第二幅沙盘相比，这一次队伍在公主的带领下，朝着相反的方向行进，走向了那个满是西式建筑的村庄，甚至连那一片由杉树组成的小树林也充满了西方的色彩。就好像在玛丽娜的内心深处，东方与西方的气质已经相遇（例如在带有东方风格拱门的教堂的设置中），而正是这种改变，让她能够以极大的热情去适应新的环境（通过沙盘作品中众多人群的描绘得以体现）。

池塘中的鱼或许象征着带有基督教色彩的原我。为了触及原我，玛丽娜必须在某种意义上“舍弃”自己的一部分（比如那个日本女性的形象）。对于成年人来说，这可能是一种意识的觉醒；而对于孩子而言，这种体验则是通过创作沙盘作品来实现的。

通常情况下，当我引导孩子们使用黏土、石头、石膏、玻璃、珐琅、彩纸以及其他材料或颜料时，我并不期待他们创作出艺术作品。对我来说，最重要的是能捕捉到孩子内在的创造力。在没有任何艺术目标的前提下，我试图唤醒那些可能因学校和家庭单调日常而逐渐消退的能量。只有从人的整体性出发，才能真正期待各种能力的正常发展。如果在这个过程中唤醒了孩子的艺术天赋，那么这些天赋自然会找到属于自己的表达方式。只有在此基础上，技术层面的进步才有可能实现。发现并培养真正的艺术天赋，依然是治疗师的重要任务。音乐也是如此。即使一个孩子还只能笨拙地用小手指按动琴键，演奏出简单的旋律，我们也可以从这些简单的音符中感受到他的创造力和天赋，并鼓励他继续创作音乐。这不仅仅是为了培养艺术技能，更是为了发展情感表达和沟通能力。

回到玛丽娜的故事：当时正值夏天，我们常常在阳光明媚的日子到花园里玩耍。在我看来，治疗师可以通过游戏支持孩子内心深处的自我意识，而这种自我意识会伴随整个成长过程。因此，我们经常玩一种特定的球类游戏。在游戏中，参与者交替将一个小球抛向草坪远处，作为目标。随后，大家再用较大的彩色球尝试尽可能接近这个目标。对我来说，频繁更换起点非常重要，因为这样可以象征性地触及孩子内心不同方面，这些方面都在努力寻求平衡和集中。

然而，沙盘创作始终对她有着独特的吸引力。一段时间后，她又创作了一幅关于岛屿的沙盘作品（见图8–6）。

图8–6　玛丽娜又创作了一幅关于岛屿的沙盘作品

作品中依然是那个熟悉的村庄，正如玛丽娜所说，公主已经入住其中。女舞者和乐手们再次出现，为村庄的广场注入了生机与活力。尽管舞者依然是画面中唯一的女性形象，但这幅沙盘作品却反映出玛丽娜心理层面的重大转变。舞者所在的圆形广场，类似于古希腊神话中的忒墨诺斯，象征着一个神圣而受保护的空间，尽管它位于一座孤岛上。

真正的自由，包括个人发展的自由，都以安全感为前提。这也是为什么这幅沙盘作品与之前的那幅岛屿沙盘作品（见图 8–3）形成了鲜明对比。在那幅作品中，舞者似乎被遗弃，毫无保护地暴露在大自然中；而在这幅作品中，舞者处于人类建造的村庄的庇护之下，村庄的圆形结构本身就带有保护性的原型特征。

从象征符号的隐喻意义来看，未闭合的椭圆形很容易让人联想到母亲的子宫——孩子未出生前的孕育之所。而岛屿的形状则唤起了人们对于胎儿在羊水中漂浮的记忆，生命正是从那里诞生的。

关于舞蹈，诺伊曼在《大母神：原型分析》一书的第 281 页中写道："宗教仪式最初总是以舞蹈的形式呈现，只有在舞蹈中，身体与心灵才会真正地'动'起来。"因此，这幅沙盘作品蕴含着一种"生成与发展"的预兆，而舞蹈的神秘性以及其流动的动作，正是触发这种"生成"的关键。

当小玛丽娜凝视着她刚刚完成的沙盘作品时，她情不自禁地跳起了舞。她轻声哼着旋律，脸上洋溢着幸福的笑容。她激动地说："总有一天，我会成为一名舞者。"就在这时，她透过窗户看到我们的德国腊肠犬正在花园里漫步。她飞奔出去，紧紧抱住了它。腊肠犬也很享受她的拥抱，因为每次玛丽娜来时，都会给它带来温暖和爱。"它是我的朋友，因为它很'毛茸茸'。"这只长毛腊肠犬的柔软长毛是玛丽娜的最爱，她对一切柔软而“毛茸茸”的事物都情有独钟。她还特别喜欢邻居养的兔子，总是渴望用胡萝卜喂它们，并轻轻抚摸它们柔软的皮毛。她甚至希望能把其中一只兔子带回自己家。

随着时间的推移，玛丽娜的行为变得越来越自信，人也变得开朗起来，开始主动和我分享她的经历。她在我这里度过的时光总是过得飞快，仿佛转瞬即逝。她常常带着自己的想法来到这里，告诉我她想要如何安排这次的活动时间。我能够感受到，她正在缓慢而稳定地获得内心的安宁与自信。

于是，在夏天即将结束的时候，沙盘中出现了一幅“基督诞生”的作品（见图 8–7）。刚出生的基督躺在一个山洞里，身旁是圣母玛利亚、圣约瑟夫和牧羊人，他们面前是几棵高大而绮丽的大树，仿佛在守护着这片神圣的场景。国王们骑着马飞奔而来，与传说中的三位圣王不同，这里一共有四位国王。他们在行进的路上经过了两座完美圆形的小山丘。

我站在沙盘前，内心深受触动。这幅沙盘作品不仅是我之前所有努力的必然结果，也不仅因为它呈现了原型意义上的“诞生”，更因为它证实了玛丽娜的艺术天赋。她能够用象征性的方式讲述那些永远无法用语言表达的东西。

当我们回想起玛丽娜创作的第三幅沙盘作品（见图 8–3）中所

图 8–7　玛丽娜创作的“基督诞生”的沙盘作品

蕴含的被遗弃和被放逐的感觉时，我们会发现，这里的“诞生”象征着一种全新的精神状态。孩子出生在隐秘的洞穴中，四周被爱意环绕。在象征性层面上，玛丽娜已经吸收了自己被抛弃的经历。

荣格在《圣童》一书第 105 页中这样描述儿童原型：“‘儿童’的命运可以被看作在原我萌发或实现圆满过程中出现的所有心理大事件的表达。而儿童‘奇妙般’的出生试图勾勒出这种萌发体验的特质。”

玛丽娜内心体验的整体性体现在匆匆赶来的四位国王身上。附着在这些国王身上的皇家气质是集体和原型的，指明了内在（洞穴）和外在的联合，后者也是原我丛集创造的产物。在与治疗师形成的母子 / 女一体中，玛丽娜体验到了一种圣秘的中心化，正因如此，她才有可能形成与发展自己的人格和天赋，才能在这个世界上生存下去。

她的人格中还包括真正的女性特质。在我看来，那两个圆形的小山丘可能代表着她的胸部。她一定天生就是做母亲的好手，而且她已经在谈论自己有一天会结婚生子。她说的实在是太对了！

在整个治疗过程中，我试图去增强她新获得的人格部分。这些新的方面就像刚从泥土中萌芽的小草一样稚嫩。玛丽娜再次充满热情地投入到艺术创作和手工制作中。她用石膏做出了一个小女孩，并用珐琅制作了漂亮的小首饰。大部分的首饰都被她送给了自己的母亲或朋友。

然而，上学的问题如今又摆在了面前。特别是在语言学习和书写方面，她的进步仍不够显著。说到底，接受治疗的时间毕竟太短。在过去的四个月里，她每周接受两次治疗。她的养父仍然对她的智力表示怀疑，而他们领养的第二个孩子即将满五岁，却给人留下了非常聪明的印象。这个孩子肤色较浅，尽管父母未曾直接表露，但显而易见，他们更偏爱这个孩子。这让玛丽娜更难保持自己的个性。

最终，我们决定请一位私人教师，采用适合玛丽娜的方法帮助她学习阅读和写作，克服她所面临的困难。

在老师的指导下，玛丽娜如今几乎每天都要写一篇作文，记录日常发生的事情。她将那些自己不认识或拼写有困难的单词写得特别大、特别清楚，然后按照字母顺序排列在一张纸上。就这样，玛丽娜有了一本属于自己的拼写本，她可以从中学习那些不认识的单词，也可以在想不起来的时候查阅相应单词。起初，她的作文都非常简短，只有大约四个简单的句子。老师将它们用打字机打印出来，玛丽娜则为每一页配上一幅精美的插图。随后，她们小心翼翼地将每一页都装订在一个活页夹里，一本包含许多故事和彩色插图的小书就这样逐渐诞生了。

大多数时候，玛丽娜在尝试写作和阅读时都表现出了极大的热情，这些文章也体现了她的心理发展情况。在上完第七节课后，她在阅读方面取得了明显的进步。就在第二天晚上，她梦见自己成了全班最优秀的学生。她开始向上帝祈祷，请求他帮助自己。

在基督诞生场景中所展现的令人印象深刻的自发性宗教体验似乎还在进一步加深。玛丽娜用黏土捏出了一张与耶稣基督很像的面孔。如果我们回想一下玛丽娜四个月前捏出的那张面孔（见图 8–4），当时她不愿对此表达任何想法，那么她内心所发生的转变在这里也显而易见。四个月前的作品带有墨西哥面具的特征，而新作品呈现的却是耶稣基督平静的表情（见图 8–8）。也许，随着时间的推移，玛丽娜能够完全摆脱内心的焦躁不安。她现在仍会时不时地表现出不安，并且会去寻求安慰，尤其是当大人们因为某个原因去关注妹妹时。有一天，她的妹妹出现了严重的疫苗反应，于是玛丽娜用她妈妈的丝巾做成了一个手臂固定带（假装自己也受伤了）。她总是觉得自己需要被特别关注，这对她来说真的很不容易。

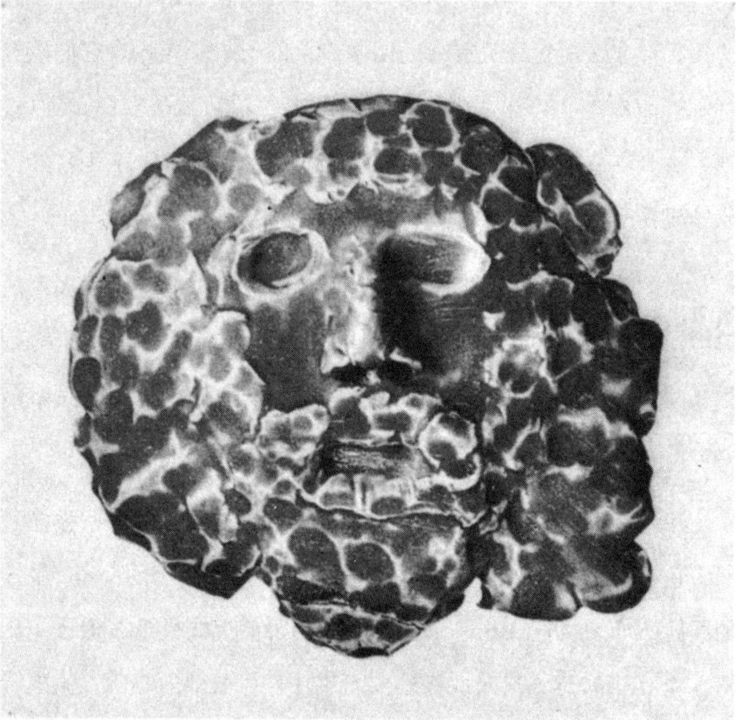

图 8–8　玛丽娜制作的呈现耶稣基督平静表情的黏土作品

尽管我一再确认，但她的父亲依然不相信玛丽娜的智力水平是正常的。他总是要求她读书给他听，这显然给她造成了困扰。然而，和老师一起阅读时，老师可以接纳她的不足，这对她来说轻松许多，并且她还在不断取得进步。在结束了两个月的私教辅导课程后，最重要的时刻终于到来了。一天晚上，玛丽娜毫无差错地读出了父亲让她读的所有内容。她的父亲被这一期待已久的瞬间深深打动，立即组织了一次家庭庆祝活动来纪念这一时刻。

在玛丽娜的案例中，我们看到了一个可能导致养父母与养子女关系出现困难的动因。父母常常会形成一个理想孩子的特定形象，如果孩子从一开始就不符合这个形象，父母会觉得自己面临巨大的挑战。通常的结果是双方感到失望，因此治疗师需要具备特殊的同理心，能够对双方的处境和想法感同身受。这也有助于在包含父母和孩子的治疗空间中，努力拉近对立双方的距离。

鉴于情况有了实质性的改善，她的父母决定——尽管在我看来为时尚早——让玛丽娜回美国读书，因为他们计划不久后回国。

在即将启程之前，我请求玛丽娜在沙盘中再完成一幅作品。我希望这或许能让我了解，父母的突然决定给玛丽娜产生了什么影响。

这次的沙盘作品中又出现了一个岛屿（见图 8–9），不过这一次是一座位于山顶的、坚固且封闭的城堡。与大多数城堡不同，城堡庭院中竖立的塔楼并不是瞭望塔；这个塔楼是城堡教堂的一部分，对玛丽娜来说很重要。城堡的四周环绕着树木和花丛，城堡前站着一个身穿白衣的小女孩。在画面的下方，一位强壮的男士正在守卫着连接陆地和岛屿的桥。岸边停着一艘小船。

图 8–9　玛丽娜回美国前创作的一幅沙盘作品

在中世纪早期，城堡和宫殿大多建在高处。它们提供保护，守护位于数米厚的城墙之后的生命、财产与货物。

我问谁住在城堡里，对此玛丽娜回答说“玛利亚”。鉴于她在几周前刚描绘出了耶稣诞生时的场景，我会自然而然地认为，玛丽娜感受到了玛利亚的存在，她是上帝之母，也是原型意义上的母亲，她像一个小女孩一样圣洁纯真，也作为耶稣之母成了母性的、安全的象征。由此可见，这里出现的是玛丽娜自己获得的保护；这是她自己的城堡，在城堡的围墙后面，她可以保护自己新获得的财产不受入侵者的侵犯。在这里，她能够清楚地感知自己内心的安全感，也不愿意放弃这种安全感。桥旁的守卫或许会决定，谁能够进入城堡。

现在，我也许可以希望玛丽娜已经拥有了足够的安全感，能够让她在没有外界帮助的情况下去面对全新的、未知的生活环境。

玛丽娜心理发展的整个过程让人联想到一则法国童话：

> 一匹白色的牝马帮助一位年轻的男性完成了困难的任务，最终得到了公主。当他邀请牝马参加自己的婚礼时，它化身成了玛利亚出现在他面前。

这则童话与这个案例中的情况惊人地相似。

Sandspiel
Seine therapeutische
Wirkung auf die Psyche

09

23 岁女孩的童年创伤竟是这样化解的

这位 23 岁女孩的初始沙盘作品（见图 9–1）是在第一次治疗的一个半小时内完成的。当时她正处于极度抑郁的情绪中，而这种情绪也是她联系我的原因。鉴于当时的情景并不适合直接讨论她的状况，我建议她尝试沙盘游戏。这种方式能够帮助她以一种更为自然的方式表达内心深处的感受，同时也让我有机会触及人类更深层、更原始的心理层面。

沙盘中呈现了女性和男性的象征：子宫与阴茎并排摆放。它们旁边是一个圆圈，圆圈上有一个指向右上角的突起部分。整个作品让人联想到一个完整的胚胎，完美地展现了她童年早期无意识中对矛盾对立的感受，以及将对立面统一于原我（图 9–1 中的圆圈）的明显趋势。

图 9–1　处于极度抑郁情绪中的 23 岁女孩的初始沙盘作品

在玩沙子的过程中，她萌生了使用黏土创作的冲动。三天后，她塑造了一个怀抱下弦月的女巫形象（见图 9–2），这是对原型意义上的消极母亲的象征，而下弦月则象征着对这种消极母亲的克服。

图 9–2 女孩制作的女巫怀抱下弦月的黏土作品

两天后，她又创作了一幅新的沙盘作品（见图 9–3）。从一弯新月中生长出一棵树。这棵充满生机的树象征着原我，同时也展现了对立面的统一——树干代表着男性气质，而树冠则代表着女性气质。

图 9–3　女孩创作的从一弯新月中生长出一棵树的沙盘作品

又过了两天，女孩用黏土塑造了一个耶稣的形象，耶稣怀里抱着一弯上弦月（见图 9–4）。在这里，女孩的原我被呈现为“神的形象”，而耶稣怀中的上弦月则象征着女性新生命的起源。

图9–4 女孩制作的耶稣怀里抱着一弯上弦月的黏土作品

她的另一幅黏土作品生动地展现了这种新生命（见图9–5），这幅作品是一位僧侣，他怀里抱着一个刚出生的女孩。通过深入探索自己内心更深层次的感受，这个女孩在无意识中经历了一次重生。

图9–5 女孩制作的僧侣怀里抱着一个刚出生女孩的黏土作品

在此之后，她的男性成分也以积极的方式被唤醒，并在后续的作品中得到了进一步的展现，例如王子、原始人，以及一个小男孩（见图9–6至图9–8）。

图 9–6　女孩制作的男性成分以积极的方式被唤醒的黏土作品——王子

图 9–7　女孩制作的男性成分以积极的方式被唤醒的黏土作品——原始人

图 9–8　女孩制作的男性成分以积极的方式被唤醒的黏土作品——小男孩

这些在短时间内接二连三出现的人物形象，预示了随后的心理分析工作。分析的重点在于如何让她意识到并整合丰富的梦境内容，同时揭示出她一生中面临的发展障碍和关键时刻。

这一关键时刻体现在女孩三岁时创作的一幅画中，她称这幅画描绘的是“人”。

在我的要求下，她凭借记忆重新绘制了这幅画（见图 9–9）。画中的孩子由四个圆圈组成，正在排泄。这种描绘方式体现了一种对人类整体性的体验，同时也包含了人性的阴暗面。

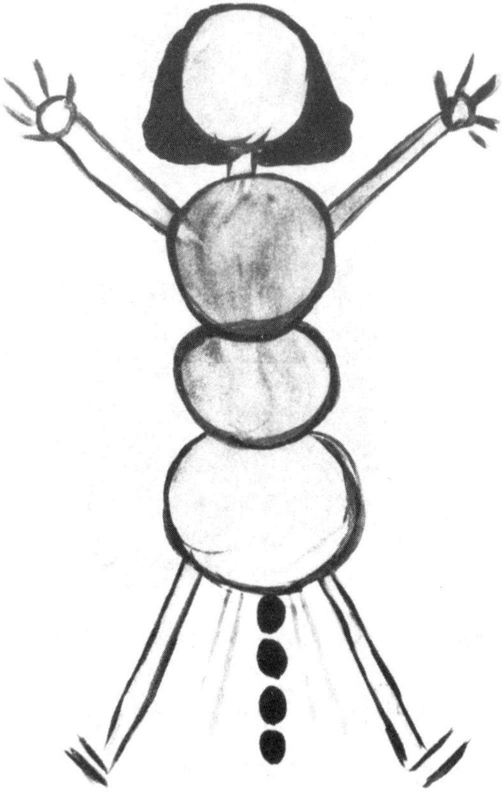

图 9–9　女孩三岁时创作的一幅画

由于当今文化倾向于排斥人性的阴暗面，这幅画被孩子的母亲视为不雅，并当着她的面撕毁了。

原我显现的机会被破坏了。然而，在分析过程中，我们重新恢复了这一部分，并且它在沙盘中以两个连续的三维曼陀罗图案完美地呈现了出来（见图 9–10 和图 9–11）。

图 9–10　女孩制作的三维曼陀罗图案的沙盘作品一

图 9–11　女孩制作的三维曼陀罗图案的沙盘作品二

Sandspiel
Seine therapeutische
Wirkung auf die Psyche

10

用沙盘“考古”红脸症男子的童年创伤

图10–1是一位25岁男性的初始沙盘作品。他长期受到脸红问题的困扰，这不仅严重影响了他与他人的交往，还阻碍了他的个人发展和职业选择，因此他前来寻求我的帮助。此前的言语分析未能取得预期效果，于是他将希望寄托于沙盘治疗，期待能够获得改善。

他观察了沙具，但似乎没有找到心仪的物件，反而开始用不同蓝色的马赛克方块在沙盘中拼出一个正方形。正方形以蓝色为主色调，只有中间的几块红色方块和左边的两块零散的黄色方块格外显眼。这引起了我的好奇，于是我问他“黄色”对他意味着什么。他稍作思考后回答道：“在迫害期间，犹太人必须在衣服的显眼位置佩戴一颗黄色的星星。”他的回答如此直接，让我觉得这位年轻人内心可能正面对一个与宗教相关的问题。而马赛克中占据主导的蓝色也支持了我的推测。蓝色是天空的颜色，也是圣母玛利亚的圣袍颜色，因此常被视为基督教的象征。

图 10–1　25 岁男子的初始沙盘作品

这里是否涉及一个基督教与犹太教的问题？

在创作第二幅沙盘作品时，他开始使用沙具（见图 10–2）。作品中的棕榈树、茅草屋、动物、黑人女舞者和黑人儿童，暗示了非洲的某个地区——非洲也被称为“深色大陆”。从心理学角度看，这位年轻人的问题似乎仍然深藏于无意识中。而作品中的黑人女舞者也指向了他内心深处尚未被揭示的一面。

图 10–2　25 岁男子创作的第二幅沙盘作品

男性最初从母亲身上体验到自身内在的女性特质，因此这一特质往往带有母性的原始特征。随着男孩的成长，这种特质会自然演变，逐渐符合荣格所说的“阿尼玛”意象。阿尼玛在无意识中伴随男性成长，正如其名字所暗示的，为成长过程注入了灵魂。

沙盘中的黑人女舞者可以被视为阿尼玛，她重新激发了这位年轻男子的发展。

特别引人注目的是，所有被他从我的沙具集合中挑选出来并放置于沙盘中的动物都是成对出现的。数字“2”既象征着对立，也代表着极性之间的结合倾向。这如同柏拉图曾提到过的“一与多”的论述。

再次观察马赛克图案时，我们发现颜色的分布并不均匀。黄色似乎被压抑，或者被隐藏在蓝色的保护之下。

他的第三幅沙盘作品将我们带到了一个考古现场（见图 10–3）。考古学家们正在挖掘由金色石头组成的珍贵地板。一位背着包裹的旅行者正从左下角走向这些刚刚出土的宝藏。我们可以将他视为一个在外部世界中寻找家园的人，因为真正的家园只能在内心深处找到。

图 10–3　25 岁男子创作的第三幅沙盘作品——考古发掘现场

在我看来，这位年轻男子无疑正处于寻找与祖先根源和内心家园的旅程中。从他的沙盘作品来看，他的根源似乎位于近东地区，且正处于被挖掘的过程中。

他还告诉我，他小时候曾被送到修道院，以躲避迫害。

他最近做了一个与此相关的梦，报纸上写着“‘我’失踪了”。

这位年轻男子不仅在幼年时期无法按照自己的传统生活，也从未体验过母亲带来的安全感。

正如我在开始时提到的，在我看来，正是儿童早期发展中的这些时刻，阻碍了他们完成中心化的过程，无法形成一个健康的自我。

由于母亲的缺席，他对母性关怀的渴望变得过于强烈，从而阻碍了他正常的成长。我们可以从他的梦境中了解到，在这样的环境下，他的自我意识尚未形成。

在图 10–4 所示的沙盘作品中，他堆起了一座小山，并在山顶放置了一棵树。正如这位年轻人所说，树的旁边站着一个犹太人。沙盘中还有各种各样的人，包括健康的人、生病的人以及躺在担架上的人，他们都沿着蜿蜒的小路向山顶走去。那位旅行者站在桥上，他正逐渐认识到，“一与多”阻碍了他的发展，因为桥象征着两个极端之间的联结。

图 10–4　25 岁男子创作的第四幅沙盘作品——犹太人家园的化身

自古以来，生长着树木的高地就被视为圣地。当犹太人去耶路撒冷朝圣时，他们会说自己要去山上。这座小山是犹太人家园的化身。

在这个过程中，这位年轻人完成了命运赋予他的使命。他是那位旅行者，正如他自己所说的，他正与其他所有人一起沿着蜿蜒的山路去朝圣。之所以和所有人一起，是因为每个人的使命都是找到属于自己的道路。这条路会经过人类参与的神圣体验。自中世纪以来，由于片面的、以理性为导向的思维方式，由于命运的打击，或者由于战争和不安全的环境（人们背井离乡），许多人完全无法与宗教建立联系，无法与神圣体验合一。他们都在不断寻找那些已经被隐藏起来的可能性，那些处于无意识中的目标。

在小山的后面，孩子们正在玩耍，第二幅沙盘作品中的那位黑人女性舞者也在跳着舞（见图 10–2）。这位年轻人将这个场景称为天堂，而这位舞者之前跳舞是因为她正处于一个冲突情景中。

从这幅沙盘作品中，我们得以窥见这位年轻人的成长轨迹：他正踏上一条每个人都会经历的道路，朝着实现个体化的方向稳步前行。

在完成这幅作品之后，我与他深入探讨了前往以色列旅行的可能性。在我看来，这样的旅行无疑将对他的心理发展起到积极的推动作用。然而，他当时却面临着一个棘手的问题——没有足够的旅费来实现这一计划。但在一次看似“偶然”的邂逅中，这位年轻人意外地收到了一份去以色列的邀请。

在出发前，他再次创作了一幅沙盘作品（见图 10–5），并为其命名为“天堂般的花园”。这是一座自成一体的花园，但花园中却有一扇门，可以通往一座精致而充满艺术气息的小犹太教堂。整个作品弥漫着一种令人沉醉的宁静。

在通往圣殿的原型之路上，“一与多”的融合清晰可见。这条道路从外围一直延伸至中心的圣殿，其上蓝色与黄色的分布极为均匀。在众多古老文明中，例如埃及和巴比伦，都存在着通往神

图 10–5　25 岁男子创作的名为“天堂般的花园”的沙盘作品

灵或圣地的仪式之路。直至今日，列队游行仍作为一种促发转变的仪式，在天主教信仰中充满生机。

这是一场关于原我体验的旅程，是对内心深处隐藏宝藏的探寻。第二幅沙盘作品（见图 10–2）暗示着，宗教意义上的对立双方以及黑暗的阿尼玛，正准备在一场宗教仪式中完成联结与转化。在这个小神庙中，代表着原型和集体阿尼玛意象的公主正在翩翩起舞。

在许多文化里，舞蹈是朝圣仪式的重要组成部分。当一个人被神圣的力量所触动时，他才能真正成为自己；当他安息于这种状态时，灵魂便开始在他体内发挥作用。可以说，阿尼玛激发了人体内自由的、创造性的冲动。它带来了真正的自由，而这种自由的前提是获得安全感。

小神庙以及整个花园所散发出的天堂般的宁静，为这种安全感提供了有力保障。根据我的经验，阿尼玛通常会在沙盘作品中与中心化过程同时出现，或者在中心化完成之后立即显现。从我们的沙盘作品中所看到的阿尼玛的显现，让我对这位年轻人的自我发展产生了新的期待。正如我在开始时提到的，自我发展是在完成中心化之后才开始显现的。然而，由于母婴单元关系的解体以及母性安全感的缺失，这位年轻人的自我至今尚未得到积极的发展。

在以色列期间，这位年轻人做了一个梦：他看到一些人正处在一座喷发的火山附近，他们的皮肤如同碎片般垂落下来。

这一画面令人联想到蛇蜕皮的场景，而蛇蜕皮象征着蜕变与新生。正如炼金术中所展现的那样，转变是在火焰的高温中完成的。因此，能够实现自我更新的生命力常常被描绘成火。同样地，当一些意义重大的体验进入意识层面时，通常会伴随着强烈的情感。

与以色列这个“他者”的实际相遇，让他亲身体验到了转变的过程，这一过程最终导致了原我的显现。他曾在之前的沙盘作品中以一种预感的形式表现了这一点，而这种自我显现也将使他能够从一个全新的视角去看待这个世界。

从以色列回国后，他做了一个梦，梦见自己在公园里的一棵大树下发现了一个刚出生的婴儿。

这个婴儿代表了他在以色列所获得的新世界观。这意味着，他不再需要在“一个或他者”之间做出选择，而是能够在体验过两者之后，与它们和谐共存。

据他所说，接下来的一幅沙盘作品（见图 10–6）描绘了他抵

图 10–6　25 岁男子创作的他抵达以色列的场景的沙盘作品

达以色列的场景：一片沙漠景观，上面有动物。仔细观察会发现，沙盘中的山脉呈现出一位女性的身形，她双腿蜷缩，像一个胎儿躺在羊水中。这无疑是这位年轻人的阿尼玛，它从大地中诞生，也就是说，源自无意识。就在这位年轻人触摸到他出生地的那一刻，他的阿尼玛也随之诞生了。而草原上自由生活的动物则暗示了无意识中动物性的层面。正如自我一样，阿尼玛在原我显现之后仍然处于原始阶段。

在这个过程中，这位年轻人仿佛完成了一个圆满的循环，而这一切的起点正是他内心的重生。由此，问题也迎刃而解。他脸红的现象消失了，没过多久，一份工作机会也向他敞开了大门，这不仅解决了他的职业问题，更为他铺就了一条通往未来的道路。

他内心的能量被释放了出来，流向了新的活动。在沙盘中，这些苏醒过来的力量呈现在了一条五彩斑斓的路上（见图 10–7）。除了黄色和蓝色之外，这条路还包含了其他颜色，路的周围十分开阔，两旁被绿树环绕，最终它通向了一棵结满果实的树。沙盘中的一口水井代表着新生命的源泉，一条五彩斑斓的小路从水井延伸出去，并最终汇入大路。水井的旁边坐着一名女性，这是他自身女性特质的体现，没有这一面，他也无法完成那些充满创造性的工作。

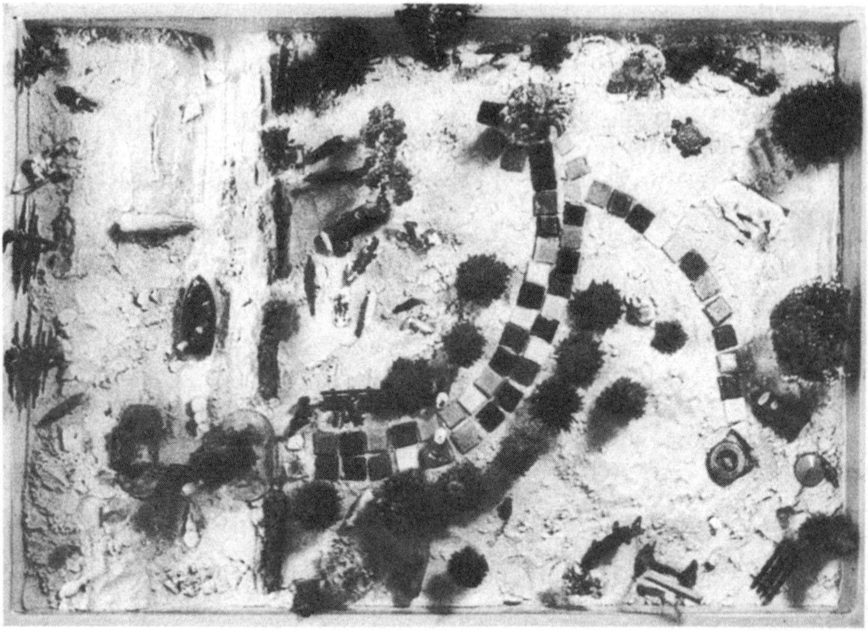

图 10–7　25 岁男子创作的其内心的能量被释放的沙盘作品

沙盘中的这棵树象征着从土地中生长出来的东西，它将男性的部分和女性的部分融合在一起，就像生命的成长和孕育一样。

后 记

我从自己诊所中发生的众多事件里挑选了一些案例，尝试用它们来阐述如何破解儿童或青少年心理发展过程中那种令人难以忍受的停滞困境，让发展重新顺畅地流动起来。大多数时候，试图凭借理性分析来攻克这些停滞难题都是徒劳无功的。我们只能借助象征性语言，它能让无比复杂的心理本质借助图像和梦境的形式向我们传递信息。通过这种方式，我们可以尝试去接近人体内创造力的源泉，正如我们已经看到的那样，这些源泉能够带来观念上的转变以及生活中行为的变化。

在本书所提及的案例中，孩子们各自创作的第一幅沙盘作品里往往已经隐含了更高等级的发展阶段的暗示，而幸运的是，他们或早或晚都达到了这个阶段。当然，类似的案例还有许多，书中所介绍的只是一些特别典型的发展过程。

然而，我们对疗愈的期待偶尔也会无法得到满足；因为在治疗过程中，我们有时也无法为不同的力量创造一个新的秩序。在类似心理进程这样一种非理性的事件上，由于它们的基础是一种看不见的过程，因此接受治疗的儿童的父母往往很难给予必要的理解，同时也没有足够的耐心去等待彻底的治愈，尤其是当孩子在短时间内出现了明显好转的迹象时。

心理发展的过程或许可以用流动的水来做最佳比喻，正如《易经》中关于坎卦的卦辞是："习坎，有孚维心，享。行有尚。"也就是说：水流不息，即使面临险境也毫不动摇，始终坚守其本性。内心通达，是因为坚守正道。行动有方向，前行必有收获。

若我们能在工作中达成一种内在的和谐，让这种和谐贯穿于我们所有的行为之中，那么这无疑是一种恩赐。

Published in its original edition with the title

Sandspiel：Seine therapeutische Wirkung auf die Psyche, 6. Auflage

Author: Dora M.Kalff

ISBN: 978-3-497-02684-5

Copyright © 2022 by Ernst Reinhardt, GmbH & Co. KG

This translation is published by arrangement with Ernst Reinhardt GmbH & Co. KG through Beijing Zones Bridge Culture and Media Co., Ltd.

Simplified Chinese edition copyright ©2025 by China Renmin University Press Co., Ltd.

China Renmin University Press Co., Ltd is responsible for this translation from the original work Ernst Reinhardt GmbH & Co. KG shall have no liability for any errors, omissions or inaccuracies or ambiguities in such translation or for any losses caused by reliance thereon.

All rights reserved.

本书中文简体字版由 Ernst Reinhardt GmbH & Co. KG 通过北京中世汇桥文化传媒有限公司（Zonesbridge Agency）授权中国人民大学出版社在中华人民共和国境内（不包括香港特别行政区、澳门特别行政区和台湾地区）出版发行。未经出版者书面许可，不得以任何方式抄袭、复制或节录本书中的任何部分。

版权所有，侵权必究。

北京阅想时代文化发展有限责任公司为中国人民大学出版社有限公司下属的商业新知事业部，致力于经管类优秀出版物（外版书为主）的策划及出版，主要涉及经济管理、金融、投资理财、心理学、成功励志、生活等出版领域，下设“阅想·商业”“阅想·财富”“阅想·新知”“阅想·心理”“阅想·生活”以及“阅想·人文”等多条产品线，致力于为国内商业人士提供涵盖先进、前沿的管理理念和思想的专业类图书和趋势类图书，同时也为满足商业人士的内心诉求，打造一系列提倡心理和生活健康的心理学图书和生活管理类图书。

《荣格派精神分析》

- 一部凝聚了40位当代知名荣格分析师智慧结晶，从深度和广度了解荣格精神在当代心理治疗中的继承和实践的经典之著。
- 国际分析心理学会（IAAP）前主席莫瑞·斯坦主编，华中科技大学同济医学院教授施琪嘉作序推荐。

《梅兰妮·克莱因精神分析》

- 精神科医师李晓驷、武汉市精神卫生中心主任医师施琪嘉教授联袂推荐。
- 客体关系理论之母、儿童精神分析研究先驱梅兰妮·克莱因的精神分析理论精髓的经典著作，带你走进克莱因理论世界，为理解和掌握儿童精神分析开辟全新的途径。